Sigrid Engelbrecht
Entfalte, was in dir steckt

W0039405

SIGRID ENGELBRECHT

ENTFALTE, WAS IN DIR STECKT

VERBORGENE FÄHIGKEITEN ENTDECKEN UND PERSÖNLICHE STÄRKEN ENTWICKELN – EIN PRAXISBUCH

ARISTON

Bibliografische Information der Deutschen Bibliothek

Die Deutsche Bibliothek verzeichnet diese Publikation
in der Deutschen Nationalbibliografie; detaillierte bibliografische Daten sind
im Internet unter http://dnb.ddb.de abrufbar.

Verlagsgruppe Random House FSC® N001967
Das für dieses Buch verwendete FSC®-zertifizierte Papier
Super Snowbright liefert Hellefoss AS, Hokksund, Norwegen.

Umschlaggestaltung: Stefanie Freischen, yellowfarm GmbH
unter Verwendung eines Motivs von 59976536 Fotolia © Natis-Fotolia.com
Redaktion: Evelyn Boos-Körner
Satz: EDV-Fotosatz Huber/Verlagsservice G. Pfeifer, Germering
Druck und Bindung: GGP Media GmbH, Pößneck
Printed in Germany 2014

ISBN 978-3-424-20103-1

INHALT

Einführung
Den Keim zum Glück tragen wir in uns   7

1 Das Geheimnis der positiven Gefühle   11
Was wir zum Gedeihen brauchen   12
Angeboren oder erworben?   29
Jeder lebt in seiner eigenen Welt   35
Elf Denkfallen, die unglücklich machen   40
Gute Denkgewohnheiten – schlechte Denkgewohn-
heiten   50
Verpasst, versäumt, verloren: Versöhnung mit dem
Gestern   57
Negative Gefühle: Was sie signalisieren und wie wir
sie verwandeln können   68
Der »Tipping Point«: Warum wir dreimal mehr
positive als negative Gefühle haben sollten   74
Glück, Zufriedenheit, Freude: Was Sie tun können,
damit goldene Momente häufiger werden   78
Wie Sie aktiv für gute Erinnerungen sorgen   82

2 Erleben von Flow, aktives Engagement   89
Unsere Werteordnung – der innere Leitstern   90

Unsere Stärken – und wie sie die Lebenszufriedenheit
beeinflussen 94
24 Charakterstärken und wie wir sie ausbauen
können 98
Was uns antreibt 105
Das Geheimnis des Flow 114
Neugier und Wissensdurst schaffen neue Erfahrungen . 117
Kreativität als innere Haltung 123
Die Kunst, ganz da zu sein 127

3 Bedeutung und Sinn 135
    Auf dem Weg zum eigenen Wesenskern 136
    Ein gutes Leben leben, Stufe für Stufe 153
    Was weist über Sie hinaus? 161
    Jeder ist Teil des Ganzen 166

4 Geborgen im Wir 173
    Warum Freunde uns guttun 174
    Säen und ernten: Das Resonanzprinzip 185
    Verhalten verändern heißt: Haltung verändern 190
    Lebenszeit als Geschenk: Engagement und Ehrenamt .. 198

5 Wie Sie dauerhafte Veränderungen erzeugen 205
    Wie effektiv und nachhaltig können wir uns
    verändern? 209

Verzeichnis der Impulse 215
Weitere Bücher der Autorin 219
Weiterführende und vertiefende Literatur 221

Einführung

DEN KEIM ZUM GLÜCK
TRAGEN WIR IN UNS

Schön, dass Sie dieses Buch aufgeschlagen haben! Beim Weiterlesen entdecken Sie, dass sich das Buch mit Denk- und Verhaltensweisen beschäftigt, die

- Glücksgefühle auslösen,
- die Freude am Tun steigern,
- offen dafür machen, Sinnstiftendes zu erleben und
- die Qualität der Beziehungen zu anderen verbessern.

Kurz: Es handelt von den Faktoren, die helfen, die eigene Lebenszufriedenheit zu vergrößern, theoretisch und praktisch. Die Theorie brauchen Sie, um Ihre Gedanken anzuregen und in neue Richtungen zu lenken. Das theoretische Verständnis unterstützt Sie dabei, besser zu verstehen, wie Sie »ticken«, was Ihre bevorzugten Denk-, Fühl- und Handlungsmuster sind, mittels derer Sie normalerweise Entscheidungen treffen. Das Theoriewissen hilft Ihnen auch, deutlicher zu sehen, was Ihre Stärken sind und wie Sie diese nutzen können, um Veränderungen herbeizuführen, die Sie sich wünschen.

Die Praxis – hier in Form von 44 Impulsen – befähigt Sie, die Theorie anzuwenden und eigene Erfahrungen zu sammeln. So erkennen Sie – viel nachhaltiger als nur durch Lesen – , was nützlich und gut für Ihre weitere Entwicklung ist.

Dieses Buch kann Ihnen als Wegweiser zum eigenen Potenzial dienen. Sie erhalten vielfältige Anregungen und Ideen, die Ihnen helfen, das zu finden, was glücklich macht, inspiriert und Ihre Kreativität fördert. Sie entdecken Wege, um die Verbundenheit mit anderen Menschen zu stärken und den tieferen Sinn in Ereignissen zu erkennen. Wenn Sie sich in diesem Sinne »entfalten«, können Sie besser als bisher Chancen wahrnehmen und Ihre Talente und Fähigkeiten gezielt einsetzen. Dazu finden Sie auf den folgenden Seiten viele Denkanstöße, Tipps und praktisch umsetzbare Impulse, die mehr Glück in den Alltag zaubern.

Viele beliebte Metaphern für das gelingende Leben in Literatur und bildender Kunst entstammen der Pflanzenwelt. Wie sehr diese auch in unsere Alltagssprache übergegangen sind, illustrieren Redewendungen wie »in der Blüte der Jahre«, »tief verwurzelt sein« oder »in einer neuen Umgebung aufblühen«.

Immer wieder haben Künstler und Poeten das menschliche Leben im Bild von Blumen und vor allem auch von Bäumen gesehen. Es hat mich gereizt, diese Metapher des Baumes aufzugreifen, denn anhand des Baumes, der vom kleinen Schössling zum mächtigen Naturdenkmal wird, lässt sich gut verdeutlichen, was Menschen brauchen, um im Leben »Wurzeln zu schlagen«, ihre ureigene Bestimmung zu finden und ihre Gaben zur Entfaltung zu bringen. So werden Sie in diesem Buch an der einen oder anderen Stelle immer wieder dem Motiv des Baumes begegnen. Vielleicht fällt Ihnen spontan ein ganz bestimmter Baum dazu ein, einer, den sie seit Langem kennen, oder einer, der Ihnen durch seine Erscheinungsform besonders im Gedächtnis geblieben ist. Überlegen Sie, wie Sie sich von der Kraft Ihres persönlichen Baum-Inbildes bei der Entfaltung Ihrer eigenen Talente und Fähigkeiten inspirieren lassen könnten.

Am meisten profitieren Sie von diesem Buch, wenn Sie begleitend zur Lektüre ein individuelles Logbuch anlegen, in das Sie Ihre Gedanken und Reflexionen zum Inhalt notieren können. Solche für Sie persönlich wichtigen Aufzeichnungen helfen Ihnen, sich selbst bei allen Veränderungsideen sorgsam zu begleiten und neue Impulse kreativ umzusetzen.

Ihre Sigrid Engelbrecht

1

DAS GEHEIMNIS DER POSITIVEN GEFÜHLE

Dieses Kapitel zeigt Ihnen den Nährboden, auf dem positive Gefühle gedeihen können, und auch, welche Faktoren negative Gefühle auslösen, also beispielsweise dass wir uns unglücklich fühlen oder chronisch unzufrieden sind.

Der Glücksindex zeigt, wo wesentliche Glücksquellen liegen und wieso in reichen Ländern die Zufriedenheit nicht automatisch höher ist als in armen. Sie lernen verschiedene Denkstrategien der Positiven Psychologie kennen und erhalten auch praktische Impulse, die Ihnen im Alltag helfen, diese Strategien umzusetzen und zum Bestandteil des eigenen Lebens zu machen.

Sie erkunden Ihre eigene Gefühlswelt genauer und gewinnen daraus Erkenntnisse über Gedanken-Gefühle-Verbindungen – solche, die positiv und erhaltenswert sind, und solche, die verändert werden sollten.

Sie setzen sich mit dem Thema Selbstbestimmtes und fremdbestimmtes Handeln auseinander und stellen Überlegungen an, wie Sie den Grad an Selbstbestimmtheit erhöhen und häufiger guter Stimmung sein können.

Sie erfahren, wie Sie zehn häufig vorkommende Denkfallen außer Kraft setzen und stattdessen lösungsorientiert denken und handeln. Dabei entwickeln und stärken Sie auch die Fähigkeit, konstruktiv mit negativen Gefühlen wie Groll, Ärger oder Rachegelüsten umzugehen, um sie dann Schritt für Schritt loslassen zu können.

Sie erhalten Impulse, wie Sie Enttäuschungen leichter überwinden und sich und anderen vergeben.

Sie lernen, wie Sie dreimal mehr positive als negative Gefühle im Alltag empfinden und wie Sie aktiv für gute Erinnerungen sorgen.

Was wir zum Gedeihen brauchen

Was braucht ein winziger Keimling, um heranzuwachsen? Er braucht Licht, Wärme, Wasser, Nährstoffe. Dann entfaltet er sein Potenzial, bildet starke Wurzeln, einen stabilen Stamm und eine mächtige Krone, er blüht und trägt Früchte.

Auch der amerikanische Psychologe und Glücksforscher Martin Seligman beschreibt diese Wesensverwandtschaft zum Pflanzenreich mit dem Begriff »flourishing« (= erblühend, aufblühend, gedeihend). Diese Faktoren bewirken, dass Menschen das entfalten, was in ihnen angelegt ist: ihre Stärken, Vorlieben und Talente. Das eigene Potenzial zu kennen und ihm Ausdruck zu geben wird demnach als zutiefst befriedigend und sinnstiftend erlebt. Das heißt, dass auch der Mensch »Licht«, »Wärme«, »Wasser« und »Nährstoffe« braucht – Qualitäten und Ressourcen in seiner Familie, in seiner Umgebung und in seiner Persönlichkeit, damit sich entfalten kann, was in ihm angelegt ist. Damit er auch starke Wurzeln ausbildet in der Gemeinschaft, in der er lebt: durch seine Arbeit, sein Engagement, seine Zuwendung und Wertschätzung, seine Kreativität und Schaffenskraft, seinen individuellen Beitrag zum Ganzen.

Einflussfaktoren wie Ausbildungs- und Arbeitsbedingungen, Art der Beschäftigung, Einkommen, Wohnsituation, gesellschaftlicher Status und persönlicher Besitz spielen natürlich eine Rolle dabei, ob jemand mit seinem Leben glücklich und zufrieden ist oder sich benachteiligt fühlt. Doch diese Faktoren sind nicht das Maß aller Dinge. Mancher, der glaubte, sein Glück hinge von einer Traumkarriere ab, stellt am Gipfel seines Ruhmes und Reichtums fest, dass sich sein aktuelles Lebensgefühl kaum von dem vorher bestehenden unterscheidet.

Wo also finden wir das Glück? Durch Reisen in ferne Länder, in einer liebevollen Beziehung, mit einem sechsstelligen Betrag auf dem Konto, mittels Status, Ruhm und Ehre? Manche glauben, dass Erfolg, Wohlstand und Beziehungen unabdingbar dafür sind, glücklich zu sein, andere sind der Ansicht, dass wir unser Glück nur in uns selbst finden können. So vielfältig die Menschen, so vielfältig auch die Vorstellungen.

»In uns selbst liegen die Sterne unseres Glücks.«

Heinrich Heine

Dass Status und Wohlstand *alleine* nicht glücksstiftend sind, belegen etliche Studien. Ein gutes Einkommen und materieller Besitz erleichtern natürlich das Leben, weil man sich nicht um existenzielle Dinge sorgen muss und sich vieles gönnen kann. Eine solide finanzielle Basis ist dem Glücksempfinden förderlich – nicht zuletzt deswegen, weil es das Bedürfnis nach Sicherheit befriedigt. Denn auch wenn es depressive Multimillionäre und achtsame, lebenszufriedene Sozialhilfeempfänger gibt: Im Durchschnitt sind die vermögenderen Menschen eines Landes die glücklicheren.

Reichtum und Status: Lust und Unlust des Vergleichens

Trotzdem ist Reichtum keine Garantie dafür, dass jemand sein Leben als wertvoll, gelungen und erfüllt empfindet. Welche Rolle spielt also Wohlstand wirklich für unsere persönliche Zufriedenheit? Wie neuere Forschungsergebnisse aus Großbritannien und den USA belegen, gilt in Bezug auf Geld keineswegs die Devise »Viel hilft viel« oder »Je reicher, desto glücklicher«. Wächst in einem Land der materielle Wohlstand, steigt dadurch nicht automatisch auch die durchschnittliche Lebenszufriedenheit. Wachsender materieller Wohlstand eines Einzelnen wird von ihm nur dann als beglückend erlebt, wenn sich dadurch sein relativer Status im Vergleich zu anderen verbessert. Dies ist aber dann *nicht* der Fall, wenn mit seinem Zugewinn auch der materielle Wohlstand aller anderen im gleichen Maße wächst. So zeigt es sich, dass die durchschnittliche Zufriedenheit in den westlichen Industrieländern seit den 1960er-Jahren kaum mehr gewachsen ist – obwohl die Einkommen in diesem Zeitraum deutlich gestiegen sind.

Wenn alle um uns herum immer mehr Besitz anhäufen, wirkt das offensichtlich dämpfend auf die Wertschätzung dessen, was wir selbst besitzen. Wir schauen auf das Auto des Nachbarn oder des Kollegen und darauf, was andere verdienen, und vergleichen unseren eigenen Status damit. Das ist fatal, denn: Wenn wir ein materielles Ziel erreicht haben, findet sich immer jemand, der noch mehr von dem hat, was wir auch gerne hätten – und schon vergleichen wir uns wieder und sehen uns im Hintertreffen. Dann schrumpfen die Glücksgefühle wieder zu einem Nichts zusammen.

Ganz ähnlich verhält es sich mit dem Status. Wer oben in der Hierarchie steht, sieht dies in der Regel als persönliche Bestätigung seines Wertes als Person an, und das trägt zur Zufriedenheit bei. Nicht zuletzt auch deswegen, weil die Möglichkeiten der persönlichen Entfaltung mit einem hohen Einkommen vielfältiger sind als für jemanden, der nur wenig verdient. Wer unten in der Hierarchie steht und weniger Einkommen hat, ist dementsprechend zumeist unzufriedener – auch dann, wenn er mehr Geld verdient als der Bundesdurchschnitt. Wer finanziell schlechter dasteht als seine Kollegen, Bekannten und Nachbarn, zweifelt an Fairness und Gerechtigkeit und ist daher auch oft unzufrieden. In Ländern, in denen Wettbewerbsdenken einen geringeren Stellenwert besitzt, lässt auch der Stress des ständigen Sich-Messens an anderen nach. Die Folge? In »gleicheren« Gesellschaften sind mehr Menschen zufrieden mit dem, was sie sind, tun und haben. Daher befinden sich die skandinavischen Länder bei der Erhebung internationaler Glücksstudien traditionell an der Spitze.

Je reicher, desto zufriedener?

Sehr schnell gewöhnen wir uns an ein höheres Einkommen und mehr Wohlstand, auch unsere materiellen Ansprüche passen wir schnell nach oben an, sodass wir die dadurch gewonnenen Vorteile gar nicht mehr als etwas Besonderes wahrnehmen.

Das Erreichte wird sehr schnell selbstverständlich – und schon ist es mit der früheren Begeisterung vorbei. Wenn wir mehr Geld zur Verfügung haben, steigt das subjektive Wohlbefinden zunächst an, jedoch gilt dieser Zusammenhang nur bis zu einer bestimmten Einkommenshöhe. In den wohlhabenden – also auch in den deutschsprachigen – Ländern besteht die lineare Koppelung »Geld = Glück« jenseits einer Schwelle von etwa 5.000 Euro Monatseinkommen nicht mehr, sondern die Zufriedenheitskurve flacht dann ab. Mehr Einkommen bringt dann nur noch eine geringe Zunahme an Zufriedenheit. Mehr Geld macht dann also keinen Unterschied mehr. Dem amerikanischen Psychologen Daniel Kahneman zufolge steigert ein Einkommen über 75.000 US-Dollar pro Jahr das emotionale Wohlbefinden nicht mehr nennenswert. Und wie der sogenannte Glücksatlas (World Database of Happiness) des niederländischen Soziologen Ruut Veenhoven zeigt, unterscheidet sich die Lebenszufriedenheit im Ländervergleich erheblich – nicht nur erwartungsgemäß zwischen armen und reichen Ländern, sondern auch zwischen Staaten, die ein ähnliches Wohlstandsniveau aufweisen. Demnach sind die Costa Ricaner und Dänen am glücklichsten, es folgen die Schweizer und Isländer. Auch Schweden, Finnland und Irland rangieren auf den vorderen Glücksrängen, während Deutschland zwar noch im ersten Drittel, aber doch deutlich weiter hinten liegt – obwohl es den Deutschen, was den gesellschaftlichen Wohlstand anbelangt, nicht schlechter geht als den Dänen.

Noch überraschender aber ist, was der Wirtschaftswissenschaftler Eugenio Proto von der University of Warwick und seine Kollegen in verschiedenen Studien herausfanden: Die Lebenszufriedenheit stabilisiert sich nicht ab einem bestimmten Grad des Wohlstands – sie sinkt sogar wieder. Den Grund für diese sinkende Zufriedenheit bei wachsendem Reichtum sehen die Forscher darin, dass höhere Durchschnittseinkommen auch zu höheren Erwartungen, höheren Ansprüchen und größeren Verlustängsten führen.

Fazit: In den letzten 50 Jahren hat sich die Zufriedenheitsskala in den Gesellschaften, in denen die größte materielle Not bewältigt ist, offensichtlich ausdifferenziert: Wohlstand ist nicht (mehr) alles, sonst wäre der Glücksindex in den Industrieländern genauso schnell angestiegen wie das jeweilige Bruttoinlandsprodukt. Real jedoch hat sich in den Industriestaaten das Maß der Zufriedenheit kaum verändert. Ein gutes Beispiel dafür ist übrigens auch China: Dort ist der Lebensstandard in den letzten 15 Jahren erheblich gestiegen – und doch hat sich die allgemeine Zufriedenheit nur unwesentlich erhöht.

An Wohlstand kann man sich offenbar so leicht gewöhnen, dass man schon nach kurzer Zeit die Vorteile gar nicht mehr wahrnimmt – es sei denn, man ruft sie sich immer wieder ins Bewusstsein.

Obgleich Besitz in unserer Gesellschaft für das Selbstbild des Menschen eine große Rolle spielt, ist also eines klar: Materieller Zugewinn macht in der Regel nur für kurze Zeit zufriedener. Wir erfreuen uns an dem, was wir neu erworben haben, oder sind glücklich über eine Gehaltserhöhung, die es ermöglicht, uns mehr leisten zu können. Wenig später pendelt sich jedoch die Zufriedenheit rasch wieder auf dem gewohnten Niveau ein. Manchmal wird, wie schon erwähnt, dann auch der erworbene Reichtum zur Quelle neuer Sorgen: Die Angst vor dem Verlust des Erworbenen kann sogar größer werden als die zuvor erlebte Freude über den Zuwachs an Wohlstand. So kann mehr Besitz auch unglücklich machen – vor allem, wenn man sich alleine auf Status und Besitz als Glücksbringer verlässt. Denn wer sein Selbstwertgefühl vorrangig darauf gründet, vernachlässigt andere Lebensbereiche wie beispielsweise Freundschaften, Achtsamkeit in der Gestaltung des Alltags oder die Entfaltung der eigenen Kreativität.

Zu den materiellen Aspekten müssen also weitere hinzukommen, damit Menschen sich längerfristig zufrieden und glücklich fühlen. Die Positive Psychologie geht davon aus, dass wir uns nicht nur wohlfühlen, sondern auch ein erfülltes bzw. sinnvolles Leben führen möchten. Demnach erleben wir es als beglückend, unsere Talente und Fähigkeiten stetig weiterzuentwickeln, sie gezielt einzusetzen und damit bei anderen positive Resonanz hervorzurufen.

Wege zu Glück und Entfaltung

Martin Seligman zufolge sind es vorrangig folgende Wege, die zu Glück im Sinne von Lebenszufriedenheit führen:

- Angenehmes Leben *(pleasant life)* – positive Gefühle
- Engagiertes Leben *(engaged life)* – Flow, Engagement
- Sinnerfülltes Leben *(meaningful life)* – Sinn, Resonanz
- Befriedigende Beziehungen *(social life)* – Freundschaft, Intimität

Dazu kommt die Fähigkeit, selbstbestimmte Ziele im Sinne dieser Qualitäten zu formulieren und zu realisieren. Mit anderen Worten sind nach dieser Auffassung jene Menschen am glücklichsten, die

- das Gute und Angenehme im Alltag wahrnehmen und genießen können,
- ein engagiertes, aktives Leben führen,
- das Gefühl haben, mit ihrem eigenen Sein und Tun in der Welt etwas Gutes zu bewirken,
- mit ihren Mitmenschen gut auskommen und
- von der eigenen hohen Selbstwirksamkeit überzeugt sind, sich also als ihres Glückes Schmied betrachten.

Ein glücklicher Mensch zu sein bedeutet nicht, keine emotionalen Regungen wie Zorn, Selbstzweifel, Trauer, Mutlosigkeit, Neid und Ärger zu verspüren oder solche Gefühle gar zu ignorieren oder zu verdrängen. Alle unsere Gefühle sind wichtig und haben ihren Platz. Furcht oder Traurigkeit beispielsweise sind keineswegs »überflüssig« oder lästig, weil sie unseren inneren Frieden stören, sondern sie bieten auch unmittelbaren Nutzen. Angst kann uns vor Fehleinschätzungen schützen und unsere Wahrnehmung schärfen, Traurigkeit kann uns anderen Menschen näherbringen und bei nahestehenden Menschen den Impuls wecken, uns beizustehen.

»Wohl und Wehe sind fein verwoben.«

William Blake

Nicht die Abwesenheit negativer Gefühle ermöglicht es Menschen, ihre Gaben zu entfalten, sondern ein optimales Verhältnis von »guten« (ermutigenden) und »schlechten« (entmutigenden) Emotionen. Um sich in diesem Sinne positiv zu entwickeln, ist es der amerikanischen Psychologin Barbara Fredrickson zufolge wichtig, im täglichen Leben durchschnittlich dreimal mehr positive als negative Gefühle zu haben. Auf jedes schlechte Gefühl sollten also mindestens drei gute kommen. Die positiven Emotionen können sich dabei auf Vergangenes (z. B. Zufriedenheit, Stolz), Gegenwärtiges (z. B. Genießen des Augenblicks) oder Zukünftiges (z. B. Zuversicht) beziehen.

Impuls 1:
Positive und negative Gefühle

Nehmen Sie sich zehn Minuten Zeit und sorgen Sie dafür, ungestört zu sein. Legen Sie Logbuch und Stift bereit. Nun vergegenwärtigen Sie sich eine ganz normale Woche und schätzen Sie spontan ein, wie das Verhältnis von positiven zu negativen Gefühlen an den einzelnen Wochentagen in etwa aussieht.

- *Was überwiegt?*
- *Wie verhalten sich positive zu negativen Gefühlen in Ihrem Alltag? 3:1, 2:1, 1:1?*
- *Überwiegen die negativen Gefühle?*
- *Gibt es Unterschiede zwischen den einzelnen Wochentagen? Und wenn ja, woran macht sich das fest? Welche Gründe könnte es dafür geben?*

Halten Sie Ihre Gedanken dazu schriftlich fest. So können Sie sich Zusammenhänge deutlicher machen und erkennen, wo und wie häufig welche Gefühle auftauchen.

Sind Sie zufrieden mit Ihrer Bilanz – oder würden Sie gerne das Verhältnis positiv zu negativ verändern? Wenn ja, schreiben Sie gleich drei Ideen dazu auf!

Positive Gefühle sind flüchtig – wie im Grunde alle Gefühle, was man erkennt, wenn man kleinen Kindern beim Spielen zusieht. Sie »konservieren« ihre Gefühle nicht, weder positive noch negative. In der einen Minute weinen sie, weil sie Schmerz spüren, wenig später lachen sie wieder, weil sie sich getröstet fühlen.

Im Gegensatz dazu neigen wir als Erwachsene dazu, aus der Erinnerung heraus öfter negative Gefühle aufzurufen und manchmal auch in ihnen »stecken zu bleiben«, indem wir die mit ihnen verbundenen Situationen erneut Revue passieren lassen. Positive Gefühle hingegen scheinen oft viel rascher wieder abzuebben als negative. Sich über eine freundliche Geste zu freuen, geht für die meisten schneller wieder vorbei als sich über eine Grobheit zu ärgern.

Nach Ausschlägen ins Positive oder Negative kehren wir zu unserer gewohnten Stimmungslage zurück, der Melange an Gefühlen, die wir für gewöhnlich im Alltag erleben, dann, wenn nichts Besonderes anliegt. Je nachdem, wie wir aufgewachsen sind und welche Erfahrungen wir gemacht haben, ist unser gewohnter Gefühlsmix und der Umgang damit eher selbststärkend oder selbstschwächend. Eltern, Verwandte, Geschwister, Freunde und andere Bezugspersonen haben uns vermittelt, wie wir mit unseren Emotionen umgehen »dürfen«, wie es in unserer Umgebung üblich ist – und was an Reaktionsmustern zu unterlassen ist.

Je nachdem, mit wem wir wie in unserer Kindheit Kontakt hatten, lernten wir unterschiedliche Strategien im Umgang mit unseren Gefühlen. Gleichzeitig erfuhren wir auch durch Beobachtung, wie Eltern, Geschwister und andere Familienmitglieder mit Gefühlen umgingen. Ob der Vater jedes Mal »auf stur« schaltete, wenn etwas nicht nach seinen Vorstellungen lief, ob die Mutter häufig und auch bei Kleinigkeiten zu schimpfen begann oder ob die große Schwester bei Schwierigkeiten schnell aufgab und sich als klein und hilflos hinstellte, damit andere das Problem für sie lösten: Wir lernten, welche Gefühle man uns zugestand und welche Wirkung man damit beim anderen erzielte, welche Gefühle willkommen waren und gefördert, welche hingegen nur widerwillig geduldet wurden und welche Gefühle gar nicht gezeigt werden durften. Damit wurden die ersten persönlichen Muster für den Umgang mit Gefühlen angelegt.

Impuls 2:
Wie ich lernte, mit meinen Gefühlen umzugehen

Nehmen Sie sich etwa eine Viertelstunde Zeit und legen Sie Stift und Logbuch bereit. Erinnern Sie sich an den Umgang mit Gefühlen in Ihrer Herkunftsfamilie. Welche Gefühle waren erlaubt, welche geduldet, welche »verboten«?

Wurden Sie, wenn Sie Angst hatten, in den Arm genommen, gehalten, beruhigt und gestützt? Dann war Angst in Ihrer Familie erlaubt und durfte auch ausgedrückt werden.

Oder wurden Sie, wenn Sie Angst hatten, ignoriert oder abgewiesen, vielleicht auch als »Angsthase« beschimpft? Dann lernten Sie, das Zeigen von Angst zu unterdrücken, um nicht als schwächlich, enervierend oder als »Angsthase« zu gelten.

Es haben sich Verhaltensmuster herausgebildet, welche Gefühle Sie sich zugestehen und frei und spontan ausdrücken, welche Gefühle Sie nur tolerieren und welche Gefühle Sie niemals ausdrücken. Diese Gefühle unterdrücken Sie vielleicht so stark, dass Sie u. U. sogar glauben, diese Gefühle gar nicht zu haben (»Ich bin nie deprimiert!« – »Wut? Kenne ich gar nicht!«).

Fatal ist, dass die Gefühle, die wir am stärksten unterdrücken, oft am vehementesten aus dem Unbewussten »nach oben« drängen. Was nun nicht heißt, dass wir immer und überall nun Gefühlsreaktionen impulsiv freien Lauf lassen sollten, das wäre unserem Leben in der Gemeinschaft abträglich. Es geht darum, sich für die bisher verdrängten Gefühle sozialverträgliche Formen und Möglichkeiten zu schaffen, sie auszudrücken.

Überlegen Sie: Wie könnten Sie Zorn, Ärger oder Niedergeschla-
genheit auszudrücken, ohne anderen zu schaden oder sie vor den
Kopf zu stoßen? Welche Orte könnte es dafür geben?
Halten Sie Ihre Ideen dazu schriftlich fest.

Gefühle tauchen sehr viel schneller in uns auf, als wir denken
können. Sie geben uns eine erste, »instinktive« Einschätzung einer Situation, lange bevor wir mittels unserer Überlegungen und
Interpretationen die entsprechenden Daten zusammengetragen
und ausgewertet haben. Dieser erste Eindruck wirkt oft sehr
lange nach und beeinflusst auch unsere bewusste, reflektierende
Betrachtung. Jedoch teilen sich Gefühle ja nicht klar und in wohl-
geformten Worten mit, sodass wir gleich verstehen würden, was
los ist. Vielmehr zeigen sie sich oft unklar oder mehrdeutig, sodass wir etwas spüren, das wir zunächst nicht recht einordnen
können. So sind wir versucht, das, was da in uns aufsteigt, einfach
beiseitezuschieben und nur unsere Gedanken und Bewertungen
gelten zu lassen.

Oft ist der Weg auch umgekehrt: Unsere Gedanken lösen Gefühle aus. Meist ist es für uns nachvollziehbar, welche Gedanken
zu welchen Gefühlen führen, aber es überrascht uns auch, wie
wir gefühlsmäßig auf bestimmte unserer Gedanken reagieren,
beispielsweise auf Erinnerungen oder Erwartungen.

Um etwas an unseren Gedanken-Gefühls-Reaktions-Schemata
ändern zu können, ist es wichtig, uns diese Verknüpfungen bewusst zu machen. Wenn wir mehr über den Zusammenhang zwischen unserem Fühlen und unserem Denken herausfinden wollen, sollten wir die Informationen, die wir in unsere Gefühle
»verpackt« haben, entschlüsseln.

Impuls 3:
Gefühle ausloten

Kommen Sie dem Zusammenhang zwischen Denken und Fühlen auf die Spur. Probieren Sie in den nächsten Situationen, in denen Sie sich mit plötzlich auftauchenden Gefühlen konfrontiert sehen, doch einmal Folgendes aus:

1. *Spüren Sie in sich hinein und erkunden Sie, was genau Sie fühlen. Beispielsweise: »Ich bin bedrückt.« Oder: »Das hat mich geärgert.«*
2. *Was ist konkret passiert? Wer oder was hat dieses Gefühl hervor-gerufen? Was ging dem unmittelbar voraus? Beispielsweise: »Als Auslöser sehe ich die abfällige Bemerkung der Kollegin über meine Arbeit am aktuellen Projekt an. Nun fühle ich mich gekränkt und verunsichert.«*
3. *Fragen Sie sich nach dem Zusammenhang. Warum fühlen Sie sich in dieser Situation so und nicht anders? Was genau war es, was das Gefühl hervorgerufen hat? Welche Gedanken gehen Ihnen spontan durch den Kopf?*
4. *Vielleicht denken Sie etwas wie: »Die Bemerkung der Kollegin hat mich verletzt, weil ich mich von ihr in diesem Moment gering-schätzig behandelt, irgendwie abgefertigt fühlte.« Was kommt zu diesem Gefühl noch dazu? Welche Gedanken tauchen jetzt »automatisch« auf? Konzentrieren Sie sich hierbei besonders auf*
   - *rasche Schlussfolgerungen: »Sie hat recht, ich bin unfähig.«*
   - *Verallgemeinerungen: »Nie kriege ich etwas hin. Immer mache ich irgendwelche dummen Fehler.«*
   - *das Gefühl, dass Sie sich aufgeben: »Es hat sowieso keinen Sinn. Ich ziehe mich*

zurück, bevor ich mich noch mehr blamiere, soll doch jemand
anders den Kram machen«;

* Befürchtungen über die Meinung von anderen: »Jeder denkt
jetzt, dass ich das nicht packe.«

* einen möglichen negativen Einfluss auf das Selbstbild: »Das
beweist doch, dass etwas mit mir nicht in Ordnung ist. Ich bin
nicht fähig, meine Arbeit ordentlich zu erledigen.«

5. Wie haben Sie dann in der Situation konkret reagiert? Was
haben Sie getan? Hätten Sie lieber anders reagiert? Wenn ja,
wie? Gibt es etwas, was Sie besser unterlassen hätten? Wie
hätten Sie sich gerne stattdessen verhalten?

6. Die Vergangenheit: Hat Ihre Reaktionsweise Ähnlichkeit mit
anderen Reaktionen in Ihrer Vergangenheit? Ist es »typisch« für
Sie, so zu reagieren? Überlegen Sie, wann und wo Sie sich in der
Vergangenheit auch so verhalten haben und wie damals die
Ergebnisse waren. Achten Sie besonders auf auftauchende
Erinnerungen aus Ihrer Kindheit. Hinterfragen Sie gezielt Ihre
Muster, die Sie aus der Vergangenheit in die Gegenwart übertra-
gen haben. Wobei hat Ihnen dieses Verhaltensmuster damals
genützt? Ist es angebracht, sich heute anders zu verhalten,
sodass Sie sich anders erleben und besser fühlen?

7. Schauen Sie sich bitte an, was Sie bei Punkt 6 formuliert haben.
Was könnte Ihnen dabei helfen, sich künftig tatsächlich so zu
verhalten?

8. Wie zeigen Sie sich künftig selbst Ihre Wertschätzung dafür, sich
in kleinen Schritten in die von Ihnen gewünschte Richtung zu
entwickeln?

Denken Sie daran: Es sind die positiven Gefühle, mit denen Sie sich
bei Verhaltensänderungen unterstützen, nicht die negativen!

Wollen wir unser Glücksempfinden dauerhaft steigern, sollten wir unsere Aufmerksamkeit gezielt auf Erfreuliches richten. Wenn wir diesen Perspektivenwechsel über einen längeren Zeitraum hinweg trainieren, wird uns die positive Sicht auf die Dinge zur zweiten Natur werden. »Steter Tropfen höhlt den Stein.« Dabei hilft die Dynamik unseres Gehirns, das ständig neue Nervenverbindungen herstellt und verfestigt.

»Die Menge an positiven Gefühlen, die ein Mensch hat, steht in direktem Zusammenhang damit, ob er im Leben aufblüht (»flourishing«) oder nur dahindümpelt (»languishing«).«

Barbara Fredrickson

Authentizität

Grundvoraussetzung aber ist, dass die positiven Gefühle authentisch sind, man muss sie in Körper und Psyche spüren. Sich bloß einzureden, man sei in einer positiven Stimmung, bringt nichts. Es wirkt sich sogar nachteilig auf die Gesundheit aus.

Die Erkenntnisse der britischen Psychologin Felicia Huppert gehen in eine ähnliche Richtung. Huppert zufolge sind es folgende Kernqualitäten, die einen »erblühenden« Menschen auszeichnen:

- Positive Emotionen (»Ich fühle mich wohl in meiner Haut.«)
- Interesse (»Ich liebe es, neue Dinge zu lernen.«)
- Sinn (»Ich habe das Gefühl, dass das, was ich in meinem Leben tue, sinnvoll und wertvoll ist.«)

- Optimismus (»Ich blicke meist optimistisch in meine Zukunft.«)
- Resilienz (»Wenn etwas schiefgeht, brauche ich selten lange, um wieder zur Normalität zurückzukehren.«)
- Gute Beziehungen (»Es gibt Menschen, denen ich wirklich wichtig bin.«)

Neben den Rahmenbedingungen des Alltagslebens – familiäre Beziehungen, Arbeit, Einkommen, Wohnen, Besitz, Status etc. –, die Einfluss auf Gedanken und Gefühle haben, spielt es eine bedeutende Rolle, wie frei, selbstbestimmt und wirksam wir uns fühlen.

Impuls 4:
Reflexion zu Freiheit und Selbstbestimmung

Betrachten Sie wieder eine ganz normale Woche mit all ihren typischen Abläufen: Arbeitsleben, Privatleben, Beziehungen, Freizeitaktivitäten usw.

Lassen Sie typische Aktivitäten vor Ihrem inneren Auge Revue passieren – arbeitsbezogene ebenso wie private Tätigkeiten – und denken Sie dabei auch an die Menschen, mit denen Sie am häufigsten zu tun haben.

- *Was kennzeichnet diese Tätigkeiten und Beziehungen? Wo halten Sie sich gerne auf, welche Situationen sind eher als neutral einzuschätzen, wo halten Sie sich ausgesprochen ungern auf?*

....

....

- *In welchen Situationen fühlen Sie sich frei und selbstbestimmt,*
  wo fühlen Sie sich fremdbestimmt oder sogar »fremdgesteuert«?

  ....

  ....

Schreiben Sie fünf Minuten lang Ihre Gedanken dazu nieder.

Große Bedeutung kommt dabei der individuellen Bewertung zu: Wie schätzen wir das ein, was wir sind, tun und haben?

Nicht die Höhe unseres Jahreseinkommens, nicht die Marke unseres Mobiltelefons oder die Größe unserer Wohnung machen glücklich oder unglücklich, sondern ob wir dies als »gut« oder »schlecht« im Vergleich zu anderen bewerten. Der berühmte Unterschied zwischen dem halb vollen Glas des Optimisten und dem halb leeren Glas des Pessimisten. Die Bewertung hat sogar mehr Einfluss auf unsere Lebenszufriedenheit als die »objektiven« Gegebenheiten. So identifiziert auch der britische Ökonom Richard Layard den Sozialneid als den Faktor, der die Lebensfreude am stärksten beeinträchtigt. Wer sich unabhängiger macht von diesem automatischen Vergleichen mit jenen, denen es (scheinbar) besser geht, hat gute Karten, »dreimal mehr positive als negative Gefühle« zu empfinden.

Wer Neid spürt, richtet seine Aufmerksamkeit und seine Energie weg von sich und den eigenen zu lösenden Aufgaben. Er konzentriert sich stattdessen auf das, was jemand anders ihm vorauszuhaben scheint. Und findet das ungerecht, gönnt es ihm nicht, trachtet danach, es ihm madig zu machen, ihn offen oder im Verborgenen anzugreifen. Oder er zieht sich voller Selbstmitleid zurück und klagt über Willkür und ungerechtfertigte Bevorzugungen. Damit lässt sich viel Zeit verbringen und es lassen sich spielend mindestens dreimal mehr negative als positive Gefühle erzeugen. Wird hingegen das gleiche Maß an Aufmerksamkeit und Energie darauf verwandt, die eigenen starken Seiten zum Leuchten zu bringen, führt dies zu gesteigerter Lebensfreude statt zu Ärger und Gefühlen des Mangels und der Unzulänglichkeit.

Angeboren oder erworben?

Aus einem Eichensamen wird in der Regel eine Eiche, aus einem Fichtensamen eine Fichte. Und natürlich wird aus der Verschmelzung einer menschlichen Samenzelle mit einer Eizelle im Normalfall auch ein Mensch. So weit, so klar. Doch unterscheiden wir uns, wie wir wissen, in einem wesentlichen Punkt von unseren pflanzlichen (und tierischen) Mitgeschöpfen: Während Pflanzen und Tiere im Ausprägen ihrer Fähigkeiten einem innewohnenden genetischen Programm folgen, verfügen wir zusätzlich über die Gabe des Bewusstseins unserer selbst. Wir wissen, *dass* wir sind und *wer* wir sind. Unser Denk- und Reflexionsvermögen und die Fähigkeit, Entscheidungen zu treffen und selbstbestimmt zu handeln, haben großen Einfluss auf unsere Entwicklung.

Sicher, manche Anlagen und Eigenschaften bringen wir schon mit auf die Welt, andere aber bilden wir erst im Kontakt mit unserer Umgebung aus. Wie verhält es sich hierbei mit dem Glücksempfinden? Gibt es »geborene« Optimisten? Und sind dann alle, die in puncto Lebensfreude von eher miesepetrig ausgerichteten

Zeitgenossen abstammen, automatisch schlecht dran? Welche
Charaktereigenschaften, Gaben und Talente sind ausschließlich
genetisch bedingt? Wie sind dabei die Einflüsse aus der Umgebung zu bewerten? Welche dieser Einflüsse sind förderlich, welche hinderlich?

Noch ist das komplexe Zusammenspiel zwischen unseren Genen
und den jeweiligen Umgebungsfaktoren nicht vollständig ent-
schlüsselt, doch immerhin so viel wissen wir schon seit Längerem:
Nicht allein Erbanlagen drücken der Persönlichkeit ihren Stempel
auf und beeinflussen damit die Fähigkeit, Freude, Glück und Zufriedenheit zu empfinden. Dazu kommen auch die Erfahrungen in
Elternhaus, Kindergarten, Schule und Peergroups, die persönlichen Erlebnisse in Kindheit, Pubertät und frühem Erwachsenenalter, die bei der Ausgestaltung unserer Persönlichkeit eine Rolle
spielen. Es ist also immer eine Kombination aus beidem: den Anlagen, die wir mitbringen, und den Einflüssen, die auf uns wirken.
Schlüsselrollen bei der Entwicklung und dem Ausdruck der eigenen Persönlichkeit kommen der Bildung sowie der Vermittlung
kultureller Werte und Normen zu. Erfreulicherweise wissen wir
heute dank der modernen Hirnforschung, dass Veränderung im
Sinne von Lernen und Umlernen in jedem Lebensalter möglich ist.
Dies gilt nicht nur dafür, sich neue Informationen und Erkenntnisse anzueignen, sondern auch für das Verändern persönlicher
Einstellungen und Überzeugungen. Wer bisher überwiegend negativ ausgerichtet war und dessen Gedankenwelt vorwiegend von
Konflikten, Minderwertigkeitsgefühlen und Ressentiments oder
von Scham- und Schuldgefühlen bevölkert war, ist nicht dazu ver-
dammt, dies für den Rest seines Lebens weiter so fortzusetzen. Es
geht auch anders. Und wenn wir damit beginnen, positiver als bisher zu denken und zu fühlen, hat dies immer auch eine Auswir-
kung auf die Umgebung. Wir erfahren eine andere Resonanz als

bisher, denn die persönliche Zufriedenheit steht in enger Wechsel-
beziehung zur Qualität unserer Beziehungen.

Martin Seligman ist der Ansicht, dass sich das Maß an Optimismus, über das jemand verfügt, aus drei Faktoren zusammensetzt:

- einer vererbten Grundbegabung für Optimismus,
- den aktuellen Lebensumständen und
- der bewussten Entscheidung, Dinge positiv zu werten.

An der »Grundbegabung« können wir nichts drehen, an den aktuellen Lebensumständen können wir, je nachdem, wie sie beschaffen sind, das eine oder andere zum Positiven verändern. Die
Entscheidung wie wir uns selbst, unsere Umgebung und das, was
aktuell geschieht, bewerten, liegt voll und ganz in unserem Er-
messen. Die Art und Weise, wie wir werten, beeinflusst unser Lebensgefühl stärker als »objektive« Fakten.

So sind erstaunlich viele wohlhabende Menschen mit ihrem
Leben unzufrieden. Zum anderen gibt es Menschen, die ein
schweres Schicksal zu meistern haben und denen es trotzdem gelingt, zufrieden und glücklich zu sein und optimistisch in die Zukunft zu schauen.

*»Du fühlst dich gut, und genau deshalb tust du der Welt
etwas Gutes.«*

Barbara Fredrickson

Wie aus verschiedenen Studien hervorgeht, fühlen sich Menschen auch wesentlich enger mit anderen verbunden und verhal-

ten sich zugewandter, empathischer und kooperativer, wenn sie mit ihrem eigenen Leben glücklich und zufrieden sind. Kein Wunder, denn wer mit sich und seinem Tun im Einklang ist, ist in seinem ganzen Auftreten gelassener und freundlicher. Und wer Freundlichkeit und Gelassenheit ausstrahlt, dem begegnen andere wiederum offener und aufgeschlossener. Da jedes positive Echo vorhandene positive Gefühle verstärkt, kommt ein wahrer »Engelskreislauf« in Gang ... Probieren Sie es einfach mal aus.

Impuls 5:
Die Gute-Laune-Brille aufsetzen

Denken Sie an die Dinge, die in Ihrem Leben schön und gut laufen, an Dinge, die Ihnen ein Lächeln aufs Gesicht zaubern, so bald Sie daran denken. Und dann rufen Sie diese Gedanken einen Tag lang immer wieder innerlich wach. Gehen Sie in dem Bewusstsein dessen, was Ihr Leben schön macht, auf andere zu, lächeln Sie Menschen an, die Ihnen begegnen – auf dem Weg zur Arbeit, im Büro, in den Pausen – und achten Sie darauf, was passiert. Registrieren Sie, ob es einen Unterschied macht zu dem, wie Sie normalerweise der Welt begegnen. Und wenn ja: Worin besteht der Unterschied?

Wenn Ihnen die Ergebnisse des Ein-Tages-Experiments gefallen, Sie also einen positiven Unterschied registrieren, dann machen Sie ein schriftliches Brainstorming dazu, was Ihnen dabei helfen könnte, mehr Tage auf diese Weise zu erleben. Experimentieren Sie dann damit!

Es mag zwar sein, dass der eine mehr »Talent« zum Glücklichsein mitbringt als der andere – sei es genetisch bedingt oder sei es auch durch besonders gute Startbedingungen ins Leben –, doch bedeutet dies keineswegs, dass wir die Flinte ins Korn werfen müssten, wenn wir bislang eher zu den Pessimisten und Skeptikern als zu den Optimisten und Lebensgenießern zählten. Vieles von dem, was zu unserem Wohlbefinden beiträgt, ist eine Sache der persönlichen Anschauung und Interpretation – und darauf können wir Einfluss nehmen.

Die Gefühle sind das A und O für unsere Entwicklung

In den letzten Jahrzehnten ist man in Psychologie und Hirnforschung mittels breit angelegter Studien zu der Überzeugung gekommen, dass das eigentliche Machtzentrum in unserem Kopf die Gefühle sind, nicht, wie man lange angenommen hatte, der Verstand. Man weiß heute, dass unser ganzes Gehirn mehr oder weniger emotional dominiert ist. Diese Erkenntnis wird auch durch einen Blick auf die Nervenbotenstoffe und Hormone untermauert, deren Bahnen im Stammhirn beginnen, sich durch das Zwischenhirn, das limbische System und das gesamte Großhirn ziehen. Dort beeinflussen sie die Art unseres Denkens. Genau darin liegt unsere Chance: Wenn es uns gelingt, das Verhältnis von positiven zu negativen Gefühlen maßgeblich hin zur positiven Seite zu verändern, nehmen wir damit nicht nur (positiven) Einfluss auf unsere Gesundheit, sondern auch auf Art und Qualität unserer Gedanken und Entscheidungen.

Blühen oder welken

Sich selbst wertschätzen und die kleinen Glücksmomente des Lebens wahrnehmen und genießen, für Entspannung und Erholung sorgen und dankbar für die großen und kleinen Lichtblicke im

Alltag sein – dies alles sind wichtige Quellen positiver Gefühle. Sie sind gewissermaßen die Nährstoffe, die unsere Entfaltung befördern. Wenn wir zudem Betätigungsfelder wählen, für die wir unsere Energie *gerne* einsetzen, und uns so durch unser Engagement gestärkt und bestätigt fühlen, dann entfalten sich Blätter, Blüten und Früchte. Nicht umsonst spricht man von einem *blühenden* Geschäft und den *Früchten* der Arbeit. Es wächst und gedeiht das, wofür wir unsere Energie einsetzen; das, was wir – bewusst oder unbewusst – vernachlässigen, welkt dahin. Die Stärken und Talente, die wir brachliegen lassen, stagnieren und verkümmern, während die Fähigkeiten, denen wir uns intensiv widmen, wachsen und zur Reife gelangen.

Über den guten Umgang mit sich selbst, der Achtsamkeit im Alltag und dem überlegten und gezielten Einsatz unserer Stärken und Talente hinaus gibt es noch eine weitere Komponente, die die Lebenszufriedenheit stärkt: Das Erkennen des eigenen Lebenssinns. Die Sinnsuche ist eng verknüpft mit unseren Wurzeln, mit unseren grundlegenden Werten und Zielen: Sinn finden in dem, was wir tun – also auch genau zu wissen, *wofür* wir etwas tun und was uns die Erfüllung bringt, die wir suchen. Darüber hinaus sollten wir diesen tieferen Sinn aus vollstem Herzen bejahen. Eine große Rolle dabei spielt das Zugehörigkeitsgefühl.

Je stärker wir uns in der Familie, in unserer Umgebung, unserem Arbeitsplatz oder auch spirituell verwurzelt fühlen, desto eher sind wir motiviert, uns zu engagieren, unser Können einzubringen, und desto wahrscheinlicher ist es, dass wir ein Gefühl von tieferem Sinn empfinden.

Impuls 6:
Heute mal bewusst dankbar sein

Nichts ist selbstverständlich. Erinnern Sie sich an möglichst viele Dinge, die andere Ihnen geschenkt haben. Als Erstes fallen Ihnen vielleicht große und bedeutungsvolle materielle Gaben ein. Doch wenn Sie tiefer nachdenken, erinnern Sie sich wahrscheinlich auch an kleinere Geschenke und an geschenkähnliche Gesten oder an Zeit, die Ihnen jemand gewidmet hat.

Schreiben Sie einfach früh am Morgen alles auf, was Ihnen in den Kopf kommt, und ergänzen Sie dann diese Liste im Laufe des Tages um weitere Erinnerungen.

Lesen Sie die gesamte Liste am Abend durch und freuen Sie sich über all die materiellen und ideellen Geschenke, die Sie von anderen bekommen haben. Sprechen Sie jeder Person dafür in Gedanken Ihren Dank aus.

Wie fühlen Sie sich, nachdem Sie den Impuls der Dankbarkeit in die Tat umgesetzt haben? Was können Sie tun, um häufiger Dank auszusprechen, nicht nur in Gedanken, sondern auch ganz konkret im Alltag?

Jeder lebt in seiner eigenen Welt

Klar, wir alle sind mal gut und mal schlecht drauf – doch in Häufigkeit und Dominanz bestimmter Stimmungslagen unterscheiden sich Menschen erheblich voneinander.

Je nachdem, wie jemand Vorkommnisse üblicherweise interpretiert, wird er damit auch jeweils die »passende« Stimmung dazu aufrufen. Wer beispielsweise Kritik vor allem als Angriff wertet, wird anders reagieren als jemand, der darin einen Denkanstoß zur weiteren Optimierung sieht.

Was die eine glücklich macht, entlockt dem anderen nur ein schnödes »Na und?«. Was der einen eine schlaflose Nacht beschert, bringt jemand anderen überhaupt nicht aus dem Gleichgewicht. Und ein und dasselbe Ereignis wird von fünf Menschen fünfmal anders interpretiert. Sie glauben das nicht? Schauen Sie sich einfach mal eine Parlamentsdebatte an, und Sie werden merken, wie unterschiedlich die Auslegung eines Sachverhalts sein kann. Was für die Politik gilt, gilt auch für unser Alltagsleben. Wir entscheiden täglich, ob wir ein halb volles oder halb leeres Glas in der Hand halten, ob wir einem Missgeschick auch seine komische Seite abgewinnen oder es ausschließlich als Katastrophe betrachten.

Die vielfältigen Möglichkeiten, wie sich Vorkommnisse interpretieren lassen, sind Segen und Fluch zugleich: »Was soll ich darüber denken? Ist es nun so? Oder so? Oder beides zugleich? Oder ganz anders?« Es verunsichert, »die Wahrheit« nicht zu kennen, sondern mit einem Irrgarten möglicher Deutungen konfrontiert zu sein. Doch genau darin liegt die Chance, Wahrnehmung und Gefühle zu verändern: indem wir zunächst nur einmal den Gedanken zulassen, dass »alles auch ganz anders sein kann«, statt darauf zu pochen, dass es nur eine einzige »wahre« Sicht der Dinge gäbe.

Wie Überzeugungen unser Denken und Tun leiten

Allen unseren Interpretationen liegen bestimmte Überzeugungen, Denk- und Handlungsmuster zugrunde – die in ihrer Gesamtheit unser Bild von der Welt formen. Viele dieser persönlichen Muster sind sehr alt, aber deswegen leider nicht automatisch reif oder weise. Sie wurden schon in unserer Kindheit oder frühen Jugend geprägt, zum Teil von uns nahestehenden Personen übernommen, und scheinbar immer wieder bestätigt, sodass wir unsere Interpretation schließlich als »wahr« betrachtet haben. Über manche unserer Denk- und Verhaltensmuster haben wir Jahre oder Jahrzehnte lang nicht mehr nachgedacht, geschweige denn sie infrage gestellt. Im nachfolgenden Impuls sind einige Satzanfänge aufgelistet, die Sie bitte nach eigenem Gusto weiterführen. Es gibt kein »richtig« oder »falsch«, und die Liste erhebt auch keinen Anspruch auf Vollständigkeit. Die Satzanfänge stehen exemplarisch für persönliche Überzeugungen. Wenn Ihnen die Übung gefällt, können Sie gerne – vielleicht mithilfe Ihres Logbuchs – mit weiteren Satzanfängen experimentieren.

Impuls 7:
Persönlichen Überzeugungen auf die Spur kommen

Führen Sie so spontan wie möglich die folgenden Satzanfänge
weiter:
Das Wichtigste im Leben ist ...
Zeit ist ...
Glück ist ...
Zufriedenheit bedeutet für mich ...
Gefühle sind ...
Liebe ist ...
Freunde haben ist ...
Träume sind für mich ...
Konflikte bedeuten für mich ...
Hoffnung ist ...

Glauben zu können ist ...

Veränderung bedeutet für mich ...

Ich brauche ...

Angst habe ich vor ...

Verlust bedeutet für mich ...

Gewinnen bedeutet für mich ...

Versagen bedeutet für mich ...

Mut bedeutet für mich ...

Geld ist ...

Leistung ist ...

Stärke ist ...

Schwäche ist ...

Perfekt zu sein bedeutet für mich ...

Fehler zu haben bedeutet für mich ...

Es ist schwer, ...

Es ist leicht, ...

Betrachten Sie nun Ihre Auflistung. Es geht nicht darum, ob das, was Sie geschrieben haben, nun »wahr« ist oder nicht, und auch nicht darum, nun möglichst viele »Beweise« dafür zu sammeln, dass Sie mit Ihrer Auffassung recht haben.
Stellen Sie sich vielmehr zu jeder einzelnen Aussage die Frage:
»Macht es mich glücklich, so zu denken?«

- *Wenn ja: Warum?*

  ....

- *Wenn nein: Warum nicht?*

  ....

Manche unserer erworbenen Muster sind hilfreich, andere hinderlich auf dem Weg, ein glückliches und erfülltes Leben zu führen. Wer beispielsweise davon überzeugt ist, ein Pechvogel zu sein oder Wohltaten des Lebens eigentlich nicht zu verdienen, tut sich schwer damit, Lebenszufriedenheit zu entwickeln. Wer sich hingegen als Person mit großem Potenzial sieht und glaubt, dass er einen wichtigen Beitrag zur Gemeinschaft leistet, wird sich die Frage nach der Zufriedenheit gar nicht stellen: Er *ist* zufrieden, er sieht sich am richtigen Platz.

Wenn Sie Ihre vervollständigten Sätze zur Übung in Impuls 7 »Persönlichen Überzeugungen auf die Spur kommen« betrachten und vor allem auch die jeweilige Antwort dazu lesen, die Sie auf die Frage »Macht es mich glücklich, so zu denken?« gegeben haben – erkennen Sie dann Veränderungsbedarf? Und falls ja: Wo? Bei welchen inneren Haltungen und Einschätzungen? Oder denken Sie sich: »Im Großen und Ganzen kann ich damit leben?«

Auch hier gibt es kein »richtig« oder »falsch«, es geht darum, die eigene Denkweise einzuschätzen und zu erkennen, welche Überzeugungen gut und nützlich sind und welche Sie bei der Verwirklichung Ihrer Ziele und an der Entfaltung Ihrer Gaben und Fähigkeiten behindern. Um sich noch klarer darüber zu werden, wie folgenreich sich negative Muster auswirken können, hilft es auch, sich die nachfolgenden »Top Ten« der unglücklich machenden Denkfallen zu betrachten.

Überlegen Sie:

- Welche der elf Denkfallen haben in der Vergangenheit Einfluss auf Ihr Denken und Ihre Entscheidungen ausgeübt?

- Was waren die jeweiligen Folgen?
- Welche der elf Denkfallen beeinflussen auch heute noch Ihr Lebensgefühl und Ihre Entscheidungsfindung?

Elf Denkfallen, die unglücklich machen

1. »Es ist eben so.«

Im Meer der Eindrücke und Wahrnehmungen orientieren wir uns oft daran, Ereignisse nach Ursache und Wirkung aufeinander zu beziehen. Solche Wenn-dann-Konstruktionen prägen unser alltägliches Denken. Sie werden – einmal verinnerlicht – abgerufen, sobald der entsprechende Auslösereiz auftaucht. Wir gehen dann ganz selbstverständlich davon aus, dass etwas so ist, wie es vorher auch immer war – alle anderen Möglichkeiten blenden wir aus. Wir denken und handeln einfach nach einer in Fleisch und Blut übergegangenen Routine. Das ist in vielen Situationen normal, gut und nützlich.

Wer jedoch ausnahmslos an einmal bewährten Abläufen festhält, lässt seine Flexibilität und Kreativität verkümmern und beraubt sich neuer Erfahrungen. Er versäumt es auch, auf Veränderungen im persönlichen Umfeld neue Antworten zu finden. Neue Erfahrungen sind der Dünger, der unser Wissen von der Welt nährt und unsere Fähigkeit zum Staunen und Begreifen stärkt.

2. »Weil das bei mir so ist, ist das auch bei dir so.«

Die Neigung, von sich auf andere zu schließen, ist weitverbreitet. Natürlich haben wir als menschliche Wesen im Prinzip vieles gemein: Als Angehörige der Spezies Mensch teilen wir viele körper-lichen, mentalen und psychischen Fähigkeiten und Bedürfnisse. Wir alle brauchen Luft, Wasser, Nahrung und vieles mehr.

Daher übersehen wir oft auch die großen Unterschiede in der Art und Weise, wie jemand sich selbst versteht und wie er die Welt wahrnimmt. Je nachdem, wo und wie jemand aufgewachsen ist, hat er aus dem, was er erlebt hat, seine eigenen Überzeugun-gen entwickelt und setzt daher auch ganz individuell seine eige-nen Prioritäten. Wenn wir stillschweigend annehmen, der andere müsste wie wir »ticken«, weil (nur) die Art, wie wir selbst die Welt interpretieren, die »richtige« ist, blenden wir diese Tatsache aus. Wir gehen dann einfach davon aus, dass etwas so *ist*, wie wir es für richtig halten, und dass das, was der andere denkt oder glaubt, nur falsch sein kann.

3. »Anderen geht's besser als mir.«

Weil wir andere Menschen nur von außen sehen können, erleben wir sie häufiger als glücklicher und gelassener, als wir uns selbst empfinden, denn: Wir kennen von ihren Gedanken und Gefüh-len nur das, was sie uns zu zeigen bereit sind. Dazu kommt, dass wir andere Menschen überwiegend in Gesellschaft erleben, und da neigen so gut wie alle dazu, ihre Ängste, Probleme und Kon-flikte auszublenden, und bemühen sich, möglichst gut gelaunt und heiter zu wirken. Es gilt als No-Go, Emotionen wie Angst, Trauer oder Ärger offen zu zeigen. Wer dies tut, hat rasch ein entsprechendes Etikett auf der Stirn und gilt als »anstrengend«. Von daher versuchen die meisten, belastende Emotionen in Ge-sellschaft zu verbergen.

Aus diesem Grund unterschätzen wir oft, wie häufig und inten-siv auch andere mit Sorgen und Problemen zu kämpfen haben.

4. »Entweder alles – oder nichts.«

»Entweder ich bin der Beste – oder ich bin ein Versager. Entweder ich befolge diese Diät auf den Punkt genau oder ich kann gleich alles hinschmeißen. Entweder ... oder ich brauche gar nicht erst anzufangen.« Das ist eine Haltung, für die Perfektionisten besonders anfällig sind. Perfektionisten sind kaum je zufrieden, weil sie ihre in der Regel viel zu hoch gesteckten Ziele selten zu ihrer vollsten Zufriedenheit erreichen, aber auch keine Abstriche daran zulassen. Wer in »Alles oder nichts«-Rastern denkt, sieht keine Zwischentöne, keine Relationen, keine Alternativen, will zu viel zu schnell, statt sich mit kleinen Schritten zufriedenzugeben. Solche Menschen können nicht akzeptieren, dass das Leben manchmal auch »irr und wirr« sein kann und Lösungen nur über geduldiges Experimentieren gefunden werden können. Sie können nur schwer hinnehmen, dass Fehler und Rückschritte bei den meisten Vorhaben dazugehören und dass man kein schlechterer Mensch ist, wenn man nicht auf dem Siegertreppchen steht.

Natürlich: Alles könnte immer noch schöner, besser, makelloser sein. Legt man jedoch die Messlatte zu hoch, resultiert daraus ständige Unzufriedenheit mit Erreichtem und Unduldsamkeit gegenüber allem, was den hohen Standards, die man anlegt, nicht entspricht. Es schürt die Angst, Fehler zu machen oder mit dem Vorhaben gänzlich zu scheitern. Diese Angst prägt dann Denken, Fühlen und Verhalten. Die Schlussfolgerung daraus lautet dann häufig: »Das, was ich erreichen will, erreiche ich eh nicht, also probiere ich es gar nicht erst.« Das lähmt und deprimiert.

5. »Die Welt ist schlecht.«

Wohl jeder macht ab und zu einmal eine schlechte Erfahrung mit einem Mitmenschen, wird vielleicht enttäuscht, verlassen, gekränkt oder belogen. Das ist schmerzlich und es beschäftigt uns eine Weile. Irgendwann sind wir jedoch darüber hinweg, beschließen wahrscheinlich, in manchen Situationen etwas vorsichtiger zu sein oder genauer zu überlegen, wem wir unser Vertrauen schenken.

Bei manchen Menschen läuft es anders. Sie generalisieren die schlechte Erfahrung, entwickeln ein grundsätzliches Misstrauen bis hin zu der Überzeugung, andere seien immer nur darauf aus, einen übers Ohr zu hauen.

Stets das Schlimmste zu erwarten, wird dann zu einem Schutzschild, von dem sie sich erhoffen, dass er sie vor weiteren schlechten Erfahrungen bewahrt. Nach dem Motto »Wenn man nichts erwartet und stets mit dem Schlimmsten rechnet, dann kann man nicht enttäuscht werden«. Fatal ist nur, dass diese Haltung, Menschen einfach unter Generalverdacht zu stellen, nicht frei ist von schädlichen Nebenwirkungen. Zum einen zieht sie viele ängstliche, deprimierte und aggressive Gedanken und Gefühle nach sich, zum anderen trägt der einseitige, lauernde Blick auf das Schlechte und Böse dazu bei, dass wir andere, positivere Interpretationen einer Bemerkung oder eines Verhaltens ignorieren. Wir sehen nur noch, was wir sehen wollen, was unsere Theorie bestätigt, und stürzen uns auf jeden »Beweis« dafür, dass wir recht haben. Wir ziehen dann die Erfahrungen regelrecht an, die unsere Überzeugung, die Welt sei schlecht, aufs Neue bestätigen.

6. »Ich bin weniger wert als andere.«

Manche Menschen leiden unter einer »inneren Schräglage« in Bezug auf ihre eigene Person und auf die Einschätzung ihrer Mitmenschen: Sie nehmen an sich selbst in erster Linie Fehler und Unzulänglichkeiten wahr, während sie an anderen fast ausschließlich deren Vorzüge bemerken. In ihren Augen haben fast alle anderen Menschen mehr drauf als sie selbst: Sie meinen, dass diese besser aussehen, intelligenter, wohlhabender, beliebter, selbstsicherer, witziger, gewandter im Umgang mit anderen seien, und diese Liste ließe sich sogar noch beliebig fortsetzen. Damit werten sie ihr Gegenüber auf und bestärken es oft auch verbal, während sie sich gleichzeitig selbst herabsetzen: »Wie du das nur gemacht hast, das könnte ich nie.« – »Ja, dir fällt das leicht, aber ich ...«

Das Beharren auf der eigenen Unzulänglichkeit drückt auf die Seele und erstickt Eigeninitiative. Wer sich wenig zutraut und sich bestenfalls für Mittelmaß hält, ist natürlich auch wenig experimentierfreudig, weil er schon von vornherein »weiß«, dass er das sowieso nicht kann. Er wird wenig riskieren und schnell aufgeben – und bestätigt damit, was er eh schon wusste: »Andere können das – ich nicht.«

7. »Das kann doch nur schiefgehen!«

Manche Menschen fürchten sich schon beim Aufwachen davor, was dieser Tag alles Schlimmes mit sich bringen könnte. Sie machen sich Sorgen um die vielen Dinge, die schiefgehen könnten: ein Termin, der vielleicht platzt, eine Entscheidung, die falsch sein könnte, Ärger mit dem Partner oder mit den Kindern, Scheitern an einer wichtigen Aufgabe, sich an der gerade grassierenden Erkältung anzustecken usw. Alles, was nur schiefgehen kann, wird auch schiefgehen. Konzentriert man sich zu sehr auf seine Ängste, erlebt man diese als übermächtig. Es geht um Befürchtungen, nicht um reale Geschehnisse. Sich Sorgen zu machen ist stets mit dem Gefühl der Hilflosigkeit verbunden. Angst gepaart mit Hilflosigkeit schafft einen Tunnelblick, der uns blind macht für alle anderen Komponenten unseres persönlichen Universums. Wir blenden dann all das aus, was gut funktioniert und eine Quelle der Freude sein könnte: beispielsweise dass wir genug zu essen und zu trinken, ein Dach über dem Kopf, einen Job, gute Freunde und nette Kollegen haben – alles keine Selbstverständlichkeiten. Dass heute überdies lauter schneeweiße Schönwetterwölkchen über den Himmel segeln und der Duft von Flieder und Jasmin in der Luft liegt – das alles und vieles mehr nehmen wir dann nicht wahr, da wir vollauf damit beschäftigt sind, uns selbst immer mehr Angst einzujagen. Diese Befürchtungen werden dann abends auch mit ins Bett genommen und man steigert sich in der nächtlichen Stille in immer drastischere Schreckensszenarien hinein. Um am Morgen wie gerädert aufzuwachen – wie's weitergeht, siehe oben.

8. »Das machen die nur, um mir zu schaden.«

Natürlich ist es nicht auszuschließen, dass einem andere tatsächlich mal Übles wollen. Wer die Dinge jedoch reflexartig auf sich bezieht, auch die, die nichts, aber auch gar nichts mit der eigenen Person zu tun haben, ist für personalisiertes Denken sehr anfällig. Personalisiertes Denken ist ein Denkstil, der Bezüge herstellt, wo keine sind, der alle möglichen Ereignisse in verzerrter Weise als auf die eigene Person bezogen wahrnimmt. Wenn ein paar Leute zusammenstehen und lachen, dann wird das automatisch interpretiert als »die lachen über mich«, wenn der Chef am Morgen verschlossen dreinschaut, dann nur deswegen, weil man selbst irgendetwas getan hat, was ihn verärgert hat. Man wittert Zurechtweisung oder Ablehnung automatisch – auch dort, wo man gar nicht gemeint ist. Wer sich jedes Mal sofort schlecht behandelt fühlt, wenn sein Gegenüber unaufmerksam ist, oder Optimierungsvorschläge in Bezug auf die eigene Arbeit als persönlichen Affront begreift, macht sich das Leben unnötig schwer und kann sich schlecht entspannen – besonders in Gegenwart anderer.

9. »Erst wenn ich noch das, das und das habe, werde ich glücklich sein.«

Warum machen Menschen, die keine Not leiden, ihr Glück von Vermögen, Status oder Besitz abhängig? Warum wollen manche Menschen immer noch reicher werden, selbst wenn sie schon längst alles haben und mehr Geld besitzen, als sie überhaupt ausgeben können? Wer der Gier, dem »Unbedingt-haben-Müssen«, verfallen ist, wird nie zufrieden sein, denn es ist die Jagd selbst, die den Kick gibt. Wenn erreicht ist, was angestrebt wurde, erlischt das Glücksgefühl schnell, und es muss nachgelegt werden. Beim Einkaufen geht es oft nicht mehr darum, Grundbedürfnisse zu befriedigen oder sich einen Wunsch zu erfüllen. Der Trugschluss ist, dass immer mehr zu haben auch immer mehr Glücksgefühle bescheren würde. Die Nase vorn zu haben im Wettstreit um Prestige und sichtbaren Besitz – sicher, das verschafft eine gewisse Befriedigung. Doch diese hält nicht lange vor, denn Gier funktioniert wie eine Sucht: Die Freude am Neugekauften hat eine immer kürzer werdende Halbwertszeit. Was anfangs noch Freude gemacht hatte, ist irgendwann zum Zwang geworden: Haben-Wollen, unbedingt das Neueste, das Beste, das Schönste, das Super-Schnäppchen. Jede Neuanschaffung verspricht, noch attraktiver, noch angesagter, noch funktionsreicher, noch leichter handhabbar zu sein. Und so weiter ...

10. »Wenn sich mein Partner ändern würde, könnte ich glücklich sein.«

Statt »mein Partner« kann hier natürlich auch »meine Kollegin«, »mein Sohn«, »meine Mutter« usw. stehen – es geht darum, die Zuständigkeit für das eigene Wohlbefinden an andere zu delegieren. Klar, wenn jemand uns zeigt, dass er uns mag, uns ganz unverhofft ein Lob ausspricht, uns mit einem Geschenk oder einer kleinen Aufmerksamkeit überrascht – das erfreut und lässt das Stimmungsbarometer nach oben ausschlagen. Doch es besteht ein großer Unterschied zwischen »Andere *können* mich glücklich machen« und »Andere *sollen* mich glücklich machen«. Während die erste Version des Satzes die Tatsache darstellt, dass wir soziale Wesen sind und aufeinander reagieren (das Verhalten anderer *kann* Einfluss auf mein Befinden haben), zeigt die zweite Version eine Anspruchshaltung. Die Verantwortung für das eigene Glück wird in die Hände anderer gelegt. So geben wir anderen Menschen viel Macht über unser Leben, unsere Gefühle und Entscheidungen.

11. »Weil ihr mir das angetan habt, kann ich nie mehr glücklich sein.«

Eng mit dem Anspruch verbunden, andere für das eigene Glücksempfinden verantwortlich zu machen, ist der Vorwurf, dass jemand etwas mit negativen Auswirkungen getan hat, was es einem für immer verwehrt, ein erfülltes Leben zu führen. Wenn einem tatsächlich jemand Böses zugefügt hat, erschüttert das natürlich das Vertrauen und es kann manchmal lange dauern, bis man das Vorgefallene verarbeitet hat. Rückwärtsgewandte Schuldzuweisungen helfen dabei jedoch nicht weiter. Auf Dauer ist es unumgänglich, Frieden zu schließen mit dem, was geschehen ist. Was nicht heißt, dass wir das Verhalten dessen, der uns geschadet hat, »entschuldigen«, vielmehr geht es darum, die Verantwortung für unser Befinden wieder in die eigenen Hände zu nehmen. Es gilt zu erkennen, inwieweit gerade dieses unglückselige Geschehen Kräfte in uns geweckt hat, die wir vorher gar nicht wahrgenommen haben und die uns geholfen haben, das alles zu überstehen.

Impuls 8:
Persönliche Anfälligkeit für Denkfallen einschätzen

Überlegen Sie: Welche dieser klassischen Unglücklich-Macher sind auch in Ihrem eigenen Leben wirksam? Wie häufig ist das jeweils der Fall? Bitte schätzen Sie auf den nachfolgenden Skalen intuitiv ein, wie stark die elf Denkfallen bei Ihnen ausgeprägt sind (1 = schwach, spielt kaum eine Rolle; 10 = sehr stark, sehr häufig). Denken Sie nicht lange nach, sondern folgen Sie Ihrem Impuls.

»Es ist eben so.«

1 10

»Weil das bei mir so ist, ist das auch bei dir so.«

1 10

»Anderen geht's besser als mir.«

1 10

»Entweder alles – oder nichts.«

1 10

»Die Welt ist schlecht.«

1 10

»Ich bin weniger wert als andere.«

1 10

»Das kann doch nur schiefgehen!«

1 10

»Das machen die nur, um mir zu schaden.«

1 10

»Erst wenn ich noch das, das und das habe, werde ich glücklich sein.«

1 10

»Wenn sich mein Partner ändern würde, könnte ich glücklich sein.«

1 10

»Weil ihr mir das angetan habt, kann ich nie mehr glücklich sein.«

1 10

Haben Sie bei den elf Denkfallen die eine oder andere entdeckt, die Ihnen aus dem eigenen Erleben heraus sehr vertraut vorkam? Oder eine, bei der Sie sich regelrecht »ertappt« vorkamen?

Je höher Ihre Werte auf der Skala liegen, desto wahrscheinlicher ist es, dass diese spezielle Denkfalle durch Verallgemeinerung zu einem Muster geworden ist, das Sie immer wieder von Neuem unglücklich werden lässt. Damit sind Sie nicht allein. Wir sind alle mehr oder weniger anfällig dafür, in eine der Denkfallen zu tappen, besonders dann, wenn wir unter Stress stehen. Der Grund dafür sind Vorerfahrungen, aus denen wir entsprechende Schlüsse gezogen haben und von denen wir nun meinen, dass sie uns vor künftigen Enttäuschungen, Verletzungen oder Reinfällen schützen würden. So fangen wir an, die Umgebung bewusst oder auch unbewusst nach entsprechenden Gefahrhinweisen »abzuscannen«, und filtern gleichzeitig all das aus, was nicht in unser Muster passt, nehmen also selektiv nur das wahr, was »passt«. Wer beispielsweise meint, er sei weniger wert als andere, ist sensibilisiert gegenüber allen möglichen »Indizien« dafür, dass andere ihn wenig wertschätzen, während ihm Lob oder Komplimente unangenehm sind oder er gar nicht wahrnimmt, wenn ihm jemand etwas Wertschätzendes sagt.

Wenn etwas in unser Muster passt, dann reagieren wir genau so, wie wir es gelernt haben – und unsere vorgefasste Weltsicht wird ein weiteres Mal bestätigt. Danach denken wir dann: »Hab ich's doch gleich gewusst!« Das gibt momentan ein gewisses Gefühl der Befriedigung, mag sein. Glücklich macht es nicht.

Gute Denkgewohnheiten – schlechte Denkgewohnheiten

Bei der selektiven Wahrnehmung nehmen wir also immer nur bestimmte Aspekte in der Umgebung wahr und blenden andere aus. Das tun wir nicht nur hinsichtlich der unglücklich machenden Muster, sondern ganz generell. Unser Nervensystem ist das komplexeste Datennetz in unserem Körper. Es lässt uns denken und fühlen, hören und sehen, riechen und schmecken. Wollten wir tatsächlich alles wahrnehmen, was in einem bestimmten Moment von unseren Sinnen wahrgenommen werden kann, wären wir hoffnungslos überfordert. Zu groß ist die Vielfalt dessen, was um uns herum und in uns passiert, als dass wir tatsächlich *alles* erfassen könnten – *jede* Farbe, *jede* Form, *jedes* Geräusch usw.

Also konzentrieren wir uns bei der Wahrnehmung unwillkürlich auf wenige, uns wichtig erscheinende Reize. Wir folgen bei der Auswahl meist unwillkürlich und unhinterfragt den erlernten Auswahlkriterien und filtern die Reize entsprechend. Das Filtern der Reize schützt uns davor, von den Zigtausend Informationen überschüttet zu werden, die täglich auf uns einstürmen. Reize, die die eigene Erfahrung bestätigen, werden deutlicher wahrgenommen als solche, die sie infrage stellen. Wer eher das Gute als das Schlechte sieht und eher optimistisch als pessimistisch durch die Welt geht, erklärt das halb gefüllte Glas Wasser tatsächlich für halb voll, während es für jemanden, der eher das Negative, das Unvollkommene und Fehlende im Blick hat, halb leer ist. Außerdem generalisieren wir unsere Interpretationen auch gerne. Wir schließen also von einem auf alles: Wer etwa von einem Schäferhund gebissen wurde, meidet oft nicht nur diesen Hund, sondern alle Schäferhunde – manche vielleicht auch alles, was ungefähr wie ein Hund aussehen könnte.

Wie innere Muster und Überzeugungen unsere Entscheidungen lenken

Betrachten Sie noch einmal Ihre persönliche Auswertung zur Übung »Persönlichen Überzeugungen auf die Spur kommen« und Ihre jeweilige Antwort zu der Frage »Macht es mich glücklich, so zu denken?«. Erkennen Sie den Zusammenhang zwischen

Ihren inneren Mustern, den Überzeugungen, die Sie daraus ableiten, und den Entscheidungen, die Sie aufgrund der Überzeugungen dann treffen?

Negative Gefühle sind tatsächlich häufig eine Folge der inneren Einstellung. Oftmals steuern die Gedanken die Gefühle. Gefühle ereignen sich »nicht einfach so«, sondern basieren meist auf Wahrnehmungen, die unser Denken interpretiert hat. Ohne niederdrückende Gedanken kann sich niemand deprimiert fühlen. Versuchen Sie, aus dem Stand heraus Ärger zu empfinden: Dies wird Ihnen nur dann gelingen, wenn Sie sich etwas gedanklich vergegenwärtigen, das Sie mit Ärger verbinden. Auch Gefühle von Trauer, Hilflosigkeit oder Schuld entstehen nicht einfach nur durch äußere Ereignisse, sondern primär in unserem Denken und unserer Interpretation des Geschehens, die unseren inneren Überzeugungen folgt. Wenn wir uns diese Zusammenhänge vergegenwärtigen, können wir gezielt auf die Gedanken und Überzeugungen achten, die unsere negativen Gefühle in der Regel begleiten.

Unsere Überzeugungen geben uns Halt und ein Gefühl von Sicherheit, doch sind sie nicht für alle Zeiten festgeschrieben, sondern wandelbar. Wenn wir – infolge neuer Informationen, Einsichten oder Erfahrungen eine innere Einstellung verändern, verändert sich auch die Art, wie wir unsere Reize filtern.

Wer also die Denkfalle »Entweder alles – oder nichts« als Sackgasse erkannt und zu einer Überzeugung wie beispielsweise »Etwas ist besser als nichts« gewandelt hat, wird dann auch

- sich leichter tun, kleine Schritte auf ein Ziel zuzugehen,
- allgemein experimentierfreudiger sein,
- weniger Angst vor einem möglichen Scheitern haben,

- Stillstand und Rückschläge besser verkraften können,
- weniger Stress erleben,
- größere Zufriedenheit verspüren und
- mehr Toleranz auch für andere entwickeln.

Unsere Überzeugungen bestimmen, wie wir die Welt wahrnehmen. Sie entscheiden darüber, was wir zur Kenntnis nehmen und was wir ausfiltern. Ebenso bestimmen sie unsere Interpretation des Wahrgenommenen. Sie sind anerzogene oder erlernte Auffassungen darüber, was »wahr« ist und was nicht. Wenn Sie eine Podiumsdiskussion oder eine Parlamentsdebatte mitverfolgen, erkennen Sie, wie stark Auffassungen voneinander abweichen können und dass jeder Beteiligte glaubt, die eigene Sicht der Dinge sei die »richtige«. Mit vielen unserer Überzeugungen können wir gut leben, andere haben sich überlebt. Sie waren vielleicht einmal nützlich, als wir fünf oder 15 Jahre alt waren, in der spezifischen Lebenssituation, in der wir uns damals befanden. Heute behindern sie uns mehr, als uns zu nützen. Gut zu wissen, dass Überzeugungen keine Naturgesetze und nicht in Stein gemeißelte Gebote sind, die für alle Zeiten Gültigkeit haben müssen. Verändern Sie, was nicht mehr zu Ihnen passt! Verändern Sie vor allem die Überzeugungen, die eine negative, deprimierende Wirkung auf Sie haben, und jene, die ein grundsätzliches Misstrauen gegen andere schüren.

Impuls 9:
Welche Überzeugungen möchten Sie verändern?

Nutzen Sie die gewonnenen Erkenntnisse aus den Impulsen »Persönlichen Überzeugungen auf die Spur kommen« und »Persönliche Anfälligkeit für Denkfallen einschätzen«.

Wenn Ihnen zwischenzeitlich noch weitere persönliche Überzeugungen eingefallen sind, die Sie als hinderlich für Glück und Zufriedenheit ansehen, notieren Sie sich auch diese. Dann gehen Sie vor wie folgt:

1. *Verdammen Sie Ihre hinderlichen Überzeugungen nicht, denn sie waren Ihnen – obgleich Sie auch viele Nachteile dadurch hatten – bisher ja auch auf irgendeine Art von Nutzen. Bezweifeln Sie sie vielmehr. Finden Sie Belege dafür, dass sich die Dinge auch ganz anders verhalten können, als Sie es, Ihrer Überzeugung gehorchend, automatisch annehmen. Erinnern Sie sich daran, dass Sie auch in der Vergangenheit schon Erfahrungen gemacht haben, die der angeblich immer geltenden Überzeugung zuwiderliefen. Das Ziel ist, dass die bisherige Überzeugung ihre universelle Gültigkeit verliert und zu einer Interpretation von mehreren Möglichkeiten herabgestuft wird.*
2. *Finden Sie dann für jede der Überzeugungen, von denen Sie sich verabschieden möchten, eine neue, förderliche Überzeugung. Aus »Ich bin so unzulänglich« wird dann beispielsweise »Ich bin gut genug«, aus »Das kann doch nur schiefgehen« beispielsweise »Was kann ich tun, damit ein guter Ausgang wahrscheinlicher wird?« usw.*
3. *Dann heißt es: üben, üben, üben. Bedenken Sie, dass Ihre bisherigen Überzeugungen Sie schon lange begleiten. Es*

braucht daher Zeit, bis Sie eine neue Überzeugung so verinnerlicht haben, dass diese anstelle der bisherigen genauso automatisch aufgerufen wird. Stellen Sie jedes Mal, wenn die alte
Überzeugung auftaucht, ihr die neue an die Seite und malen Sie
sich aus, wie die Situation sich aus dieser Warte heraus darstellt.
Wie wäre es um Ihre Handlungsmöglichkeiten bestellt, wenn Sie
Ihre Überzeugung zum Positiven hin ändern würden?

4. Im nächsten Schritt tun Sie so als ob. Sie handeln entsprechend
der neuen Überzeugung, auch wenn Sie diese innerlich noch
nicht zu 100 Prozent als »wahr« empfinden. Betrachten Sie es als
ein Spiel. Je deutlicher Sie sehen, wie Ihr Handeln dann gute
Resultate erzeilt, desto mehr »Futter« erhält Ihre neue Überzeugung.

Anfangs fühlt sich die neue Überzeugung vielleicht »falsch« an
und es verursacht ein gewisses Unbehagen, ihr entsprechend zu
handeln. Besonders dann, wenn das nicht gleich klappt bzw. nicht
gleich die erwünschten Ergebnisse bringt, sind wir versucht, im
Sinne von »Hab ich's doch gleich gewusst, dass das nicht funktioniert!« alles wieder hinzuschmeißen. Hier geht es darum, Toleranz und Geduld sich selbst gegenüber zu entwickeln. Wie Henry
Ford schon sagte:

»Es gibt mehr Leute, die kapitulieren, als solche, die scheitern.«

Wenn wir destruktive gegen konstruktive Denkmuster austauschen wollen, brauchen wir einen langen Atem. Wie Wissenschaftler in den zurückliegenden zwei Jahrzehnten herausgefunden haben, sind wir in unserer Weltsicht nicht so festgelegt, wie
lange Zeit vermutet wurde. Wir können auch als Erwachsene un-

sere Sicht auf die Welt gravierend verändern, denn das Gehirn bleibt während unseres ganzen Lebens plastisch und formbar – auch bei Menschen jenseits der 60 bilden Neuronen ständig neue Verknüpfungen und findet Neurogenese statt, d. h., es werden neue Zellen gebildet. Das bedeutet: Auch wenn wir vielleicht schon vorgerückten Alters sind, bieten sich viele Möglichkeiten, eine unglücklich machende Weltsicht abzulegen und eine Haltung zu entwickeln, die Freude und Zuversicht fördert. Doch das geht nicht per Knopfdruck, sondern nur durch stetiges Dranbleiben.

»Manchmal kommt das Glück durch eine Tür hinein, von der man gar nicht wusste, dass man sie offen gelassen hatte.«

John Barrymore

Halten Sie sich auch nicht lange bei typischen Alltagsärgernissen wie Missgeschicken und Versäumnissen auf. Solche Gedanken sollten wir so schnell wie möglich wieder loslassen. Wenn wir uns lange damit beschäftigen, geben wir damit Kleinigkeiten eine Bedeutung, die sie gar nicht verdienen, und verhageln uns so selbst die Stimmung. Gedanken sind lediglich Gedanken. Und wir werden nicht von anderen Menschen oder irgendeiner geheimnisvollen Macht »gedacht«, sondern können selbst entscheiden, was wir denken wollen. Das beste Mittel gegen Frust- und Ärger-Gedanken ist, sich voll und ganz auf das zu konzentrieren, was wir gerade tun. Wenn wir voll im Hier und Jetzt sind, gewinnen wir Abstand zu dem, was geschehen ist, beruhigen uns und finden zurück in eine gelassenere Art, die Dinge zu sehen. Wenn uns etwas aus dem Gleichgewicht gebracht hat, hilft es auch, sich daran zu erinnern, dass negative und positive Stimmungen sich abwechseln und beide einfach zu uns gehören. Nicht nur positive Gefühle sind flüchtig, auch negative – wenn wir bereit sind, sie loszulassen.

Verpasst, versäumt, verloren: Versöhnung mit dem Gestern

Einer der wesentlichen Saboteure unserer Lebenszufriedenheit ist das Hadern mit der Vergangenheit. »Hätte ... wäre ... wenn ...«: Wer sich als Opfer seiner Vergangenheit, seiner Lebensumstände oder anderer Menschen sieht, wer sich eigene Versäumnisse immer wieder aufs Neue vorhält, beraubt sich der Möglichkeit, neue, andersartige Erfahrungen zu machen. Typisch für diese entmutigte Haltung dem Leben gegenüber sind die Denkfallen »Weil ihr mir das angetan habt, kann ich nie mehr glücklich sein«, »Die Welt ist schlecht« und »Ich bin weniger wert als andere«. Sobald der Gedanke gedacht wird, sinkt die Stimmung in den Keller.

Mehr oder weniger oft können Gedanken um schwerwiegende Enttäuschungen und Verletzungen kreisen, die unser Leben ganz erheblich bestimmt haben oder immer noch bestimmen. Vielleicht nehmen Sie sich selbst etwas übel, vielleicht richtet sich Ihr Zorn auch auf jemand anders. Zumeist ist beides miteinander verbunden. Nehmen wir an, jemand hat Sie finanziell übers Ohr gehauen. Nun ist das Geld weg und das, was Sie dafür bekommen haben, ist wertlos. Natürlich sind Sie frustriert und wütend auf den, der Ihnen dies angetan hat. Doch wahrscheinlich richten Sie einen Teil des Ärgers auch gegen sich selbst: »Wie konnte ich nur so dumm sein?«

Wenn Sie negative Gefühle wie Groll, Ärger oder Rachegefühle lange mit sich herumtragen und immer wieder aufwärmen, tun Sie sich damit keinen Gefallen. Besser ist, sie erst einmal auszudrücken. Wie die Psychologin Janice Kiecolt-Glaser von der Ohio State University herausfand, führt das Aufschreiben und Verarbeiten verstörender oder bedrückender Ereignisse – beispielsweise in Form eines Tagebuchs – dazu, die Stimmung zu heben. Ja mehr noch: So gelingt es auch auf körperlicher Ebene, Abwehrkräfte gegen Infektionen zu stärken. »Sich etwas von der Seele schreiben« ist also nicht nur eine Redensart, sondern tatsächlich ein wirksames Mittel, mit sich selbst und anderen ins Reine zu kommen.

Nicht immer sind es gravierende Ereignisse, die es uns schwer machen, das Geschehene loszulassen. Manchmal sind es nur kleine Dinge, von denen wir meinen, sie nicht verzeihen zu können: Jemand hat uns bei einem wichtigen Anlass übersehen, sich für ein Geschenk nicht bedankt oder sich seit Längerem einfach nicht mehr gemeldet.

Egal ob es sich um etwas Schwerwiegendes oder etwas weniger Gewichtiges handelt, sind gute Freundinnen und Freunde hilfreich, mit denen wir über schmerzliche Erfahrungen reden können, Menschen, die unvoreingenommen sind und gut zuhören können. Wenn Sie niemanden mit diesen Qualitäten in Ihrem Umfeld haben, lassen Sie sich durch professionelle Hilfe unterstützen. So wird es Ihnen gelingen, sich von Belastendem aus Ihrer Vergangenheit zu lösen. Je besser Sie alten Groll – auf sich selbst oder auf andere – loslassen können, desto größer ist die Chance, sich wieder lebensbejahend dem Hier und Jetzt und der Zukunft widmen zu können.

Vergangenes lässt sich nicht ungeschehen machen, egal wie intensiv Sie bereuen, hadern oder auf Rache sinnen. Besser ist es, aus dem Geschehenen konstruktive Schlüsse zu ziehen: Was haben Sie aus dem, was vorgefallen ist, gelernt? Was wollen Sie künftig anders machen? Welche Kräfte und Fähigkeiten sind Ihnen gerade dadurch erwachsen, dass Sie eine schwere Zeit durchgestanden haben, Stärken, die sich andernfalls wahrscheinlich gar nicht entwickelt hätten? Mit Fragen wie diesen richten Sie Ihre Aufmerksamkeit nicht mehr voller Bitterkeit auf das Gewesene, sondern konstruktiv auf die Gegenwart. Je verständnisvoller Sie Ihrem damaligen Ich begegnen, desto leichter fällt es Ihnen, sich Fehler zu verzeihen. Vielleicht mangelte es Ihnen in den betreffenden Situationen an Weitblick oder an Klarheit, vielleicht war auch das Bedürfnis nach Anerkennung so stark, dass Sie sich zu etwas hinreißen ließen, das Sie dann später bereuten. Egal was es war – damals haben Sie Ihren damaligen Möglichkeiten gemäß gehandelt.

Heute haben Sie mehr Erfahrung, haben sich weiterentwickelt und würden anders handeln. Legen Sie deshalb nicht den Maßstab Ihres heutigen Ichs an, sondern vergegenwärtigen Sie sich Ihre damalige Situation – und berücksichtigen Sie dabei alle Einschränkungen, die es dabei gab. Zeigen Sie Nachsicht. Es war Ihr damaliges Wissen und Können, nicht Ihr heutiges, auf dessen Basis Sie Ihre Entscheidungen getroffen haben. Sagen Sie: »Ich bin trotzdem okay – auch wenn ich damals einen so gravierenden Fehler gemacht habe.« Hören Sie auf damit, das, womit Sie bis jetzt gehadert hatten, zu wichtig zu nehmen. Schließlich gerät die Welt nicht aus den Fugen, nur weil Sie sich in dieser oder jener Situationen nicht optimal verhalten haben.

Vielleicht fühlten Sie sich durch das Verhalten anderer Menschen so verletzt, dass Sie sich auch heute nicht vorstellen können, das Vorgefallene loszulassen. So rekapitulieren Sie, was der andere sagte und wie Sie selbst darauf reagierten, was der andere dann entgegnete und was Sie selbst daraufhin getan haben. Und wenn es geendet hat, fängt es wieder von vorne an. Wer sich immer wieder mit vergangenen Verletzungen beschäftigt, gibt damit der Person, die ihn verletzt hat, viel Macht in die Hand. Wir sehen uns dann noch immer an diese Person gefesselt und fühlen uns nicht frei für ein selbstbestimmtes Leben.

Impuls 10:
Enttäuschungen reflektieren

Wenn Sie eine Kränkung, Zurückweisung oder Enttäuschung überwinden wollen, sollten Sie herausfinden, welche Bedürfnisse oder welche Wünsche in dieser Situation unbefriedigt blieben. Nehmen Sie sich eine Viertelstunde Zeit und notieren Sie sich Ihre Antworten zu den folgenden Fragen:

- *Was ist geschehen?*

  ....

- *Was fühlten Sie daraufhin?*

  ....

- *Wie drückten Sie dies aus? Was war Ihre erste Reaktion?*

  ....

- *Was denken Sie heute über Ihre damalige Rolle in dem Geschehen? Was hat sich von damals zu heute verändert?*

  ....

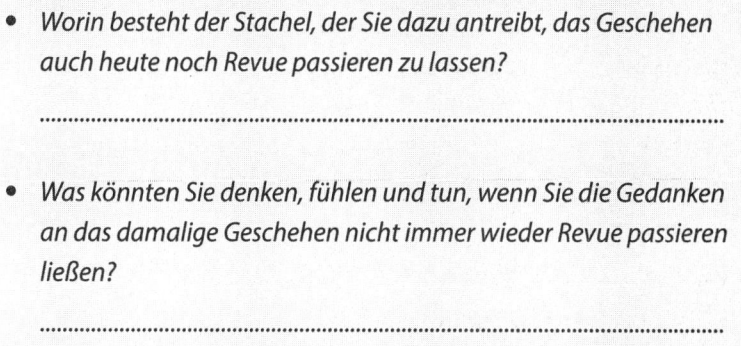

- *Worin besteht der Stachel, der Sie dazu antreibt, das Geschehen auch heute noch Revue passieren zu lassen?*

  ....

- *Was könnten Sie denken, fühlen und tun, wenn Sie die Gedanken an das damalige Geschehen nicht immer wieder Revue passieren ließen?*

  ....

Sich über die eigenen wunden Punkte klar werden, ist eine Sache, sich davon zu lösen eine andere. Die beste Möglichkeit, sich von solchen emotionalen Altlasten zu befreien, ist die Vergebung.

Um nicht Gegenwart und Zukunft von Erinnerungen an Frustrationen, Enttäuschungen, Schmerz und Trauer zu trüben, ist es wichtig, diese Gefühle anzunehmen und sie loszulassen, indem wir uns und anderen oder auch »dem Schicksal« vergeben. Wir sollten uns mit dem Gewesenen versöhnen, akzeptieren, dass es eben so war, wie es war. Oft gelingt das nur in ganz kleinen Schritten, und das ist auch völlig in Ordnung so.

Vielleicht denken Sie jetzt etwas wie: »Nie im Leben werde ich dieser Person das vergeben, was sie mir angetan hat!« Doch worum geht es eigentlich bei der Vergebung? Vergebung bedeutet nicht, dass Sie einen Menschen, der Sie beleidigt, gekränkt oder verletzt hat, nun sympathisch finden oder wertschätzen sollen. Vergeben heißt auch nicht, dass Sie nun das relativieren oder billigen müssten, was der andere getan hat. Es bedeutet auch nicht, Schwäche zu zeigen. Vielmehr bedeutet es, auf Rachephantasien und Vergeltung zu verzichten, um sich nicht selbst den destruktiven Folgen eines ständigen unterschwelligen Grolls auszuliefern. Vergeben geht einher mit Erleichterung, Entspannung und gesteigertem Wohlbefinden.

Vergebung heilt

Nach einer Studie von Wissenschaftlern der Stanford University (USA) leben jene, die vergeben können, nicht nur psychisch, sondern auch körperlich gesünder. Vergeben sollte man also v. a. sich selbst zuliebe.

Statt mit der Vergangenheit zu hadern, richten Sie Ihr Augenmerk auf das, was Sie selbst aus dem Vorgefallenen gelernt haben. Betrachten Sie Vergebung als etwas, das Sie an den anderen zurückgeben, und zwar deswegen, weil es im Grunde dessen »Baustelle« ist. Es ist sein Problem, dass er herzlos gehandelt oder Sie übervorteilt hat, nicht Ihres. Sie selbst haben die Auswirkungen seines Tuns überstanden und sind daran innerlich gewachsen. So lässt sich Vergebung vorrangig dazu nutzen, die Wunden des Geschehenen zu heilen, damit sie nicht länger Ihr Wohlbefinden und Ihre Entwicklung behindern. Vergeben befreit und hilft uns, wieder nach vorn zu schauen. Wenn Sie vergeben, sagen Sie dem anderen damit im Grunde: »Ich gebe das an dich zurück, was du getan hast, weil ich nicht darin stecken bleiben will.«

Erst durch Vergeben können alte Wunden heilen. Indem wir jemandem vergeben, befreien wir uns sowohl von den Kränkungen und Verletzungen als auch von der inneren Bindung an den Menschen, der uns die Schmerzen bereitet hat. So werden wir frei von der Last des Zorns, des Ärgers und der Trauer und können unbeschwerter leben und handeln.

Vergeben bedeutet nicht, das Geschehene zu vergessen. Wenn wir jemandem – oder uns selbst – etwas vergeben, schließen wir zwar etwas Vergangenes ab, werden uns jedoch auch künftig hin und wieder an das Geschehen erinnern – jedoch mit geringerer innerer Beteiligung. Sobald wir unsere innere Bindung an das Vergangene gelöst haben, können wir in der gegenwärtigen Situation freier und unbelasteter denken und entscheiden.

Was ist die Alternative zum Vergeben? Ganz einfach: belastende Erfahrungen weiter unbewältigt mit sich herumzuschleppen, sich weiter innerlich mit Schuldzuweisungen, negativen Gedanken und Erinnerungen zu quälen. Wenn wir nicht vergeben, holt uns die Vergangenheit immer wieder aufs Neue ein – mit Gefühlen wie Ärger, Wut, Angst, Trauer oder Niedergeschlagenheit. Dies raubt uns viel Kraft und verhindert, dass wir unser Hier und Jetzt mit Energie und Lebensfreude gestalten.

Der unterschwellige Groll beeinträchtigt nicht nur unser seelisches Wohlbefinden, sondern er kann auch körperliche Krankheiten fördern. Chronische Verspannungen, Schlaflosigkeit, Kopf- und Rückenschmerzen, Magenbeschwerden, Verminderung der Abwehrkräfte oder Bluthochdruck können die Folgen eines Festhaltens an altem Groll sein.

»Wer an seinem Schmerz festhält,
bestraft sich letzten Endes selbst.«

Leo. F. Buscaglia

Sich als Opfer vergangener Enttäuschungen oder Verletzungen zu verstehen, ist die perfekte Strategie für langes Leiden und Unglück. Zudem erzeugt die permanente Anspannung, die aus dieser Selbst- und Weltsicht resultiert, Dauerstress. Dieser wiederum beeinträchtigt Körperfunktionen wie das Herz-Kreislauf-System oder den Stoffwechsel und schwächt auch das Immunsystem. In dem Augenblick, in dem Sie sich von vergangenen Kränkungen und Verletzungen innerlich lösen, verändern Sie etwas in sich selbst. Vergeben und Loslassen setzen Lebensenergie frei, die bisher in altem Groll gebunden war. Indem Sie vergeben und Frieden mit dem Vergangenen schließen, tun Sie in allererster Linie etwas Gutes für sich selbst. In der nachfolgenden Übung ist der Prozess des Vergebens und Loslassens in mehrere Schritte gegliedert. Überfordern Sie sich nicht! Es geht nicht darum, dass Sie sich oder anderen etwas beweisen, sondern darum, nützliche Erkenntnisse über sich selbst zu gewinnen.

Impuls 11:
Stufen des Vergebens und Loslassens

Nehmen Sie sich eine halbe Stunde Zeit, um die einzelnen Stufen Schritt für Schritt durchzugehen.

1. *Erinnern Sie sich an verschiedene Erlebnisse in Ihrer näheren und ferneren Vergangenheit, in denen Sie sich verletzt, verkannt oder herabgesetzt fühlten. Notieren Sie, um welche Situation es sich handelte und wer daran beteiligt war. Notieren Sie alle Situationen, die Ihnen einfallen, und hören Sie erst dann auf zu schreiben, wenn Ihnen nichts mehr dazu einfällt.*

2. *Lesen Sie die einzelnen Punkte noch einmal durch und treffen Sie intuitiv eine Einschätzung: Welche dieser Vorkommnisse tun Ihnen heute noch sehr weh, welche weniger? Stellen Sie eine Rangfolge her. Welche Begebenheit macht Ihnen am meisten aus, welche am wenigsten?*

3. Wählen Sie das Erlebnis aus, das Ihnen am wenigsten zu schaffen macht und von dem Sie den Eindruck haben, der beteiligten Person/den beteiligten Personen – vielleicht – vergeben zu können. Beschreiben Sie dann die mit dem Erlebnis verbundenen Gefühle wie beispielsweise Wut, Angst, Ärger, Scham oder Hilflosigkeit. Was genau hat Sie getroffen? Welche Bemerkung oder Handlung hat Sie aus der Fassung gebracht?

4. Fragen Sie sich: Habe ich selbst dazu beigetragen, dass man mich so verletzen konnte? Dabei geht es nicht darum, dass Sie »Schuld« daran haben, sondern darum, dass Sie erkennen, was Ihre Rolle in dem Vorfall war. So erkennen Sie, was und wie Sie dazulernen könnten, um künftig mit ähnlichen Situationen souveräner und lösungsorientierter umzugehen.

5. Nun versetzen Sie sich in die andere beteiligte Person. Fragen Sie sich, was aus deren Perspektive dazu geführt haben könnte, sich in dieser Weise Ihnen gegenüber zu verhalten. Können Sie Motive und Umstände nachvollziehen? Und: Können Sie Verständnis für die Person und deren damalige Situation aufbringen? Wenn es mehrere am Geschehen Beteiligte gab, analysieren Sie das mit jedem der Beteiligten. Sie brauchen das Verhalten der betreffenden Person nicht zu akzeptieren. Es ist okay, etwas zu sagen wie: »Das hat mir wehgetan. Ich kann nachvollziehen, warum die Person so gehandelt hat. Auch wenn ich es nicht billige.«

6. Denken Sie daran, dass Vergebung kein Ausdruck von Schwäche ist. Ganz im Gegenteil! Auf altem Groll zu beharren und sich immer wieder die Wunden zu lecken ist viel einfacher, als zu vergeben. Denken Sie auch daran, dass Sie mit Vergebung in erster Linie etwas für sich selbst tun. Und: Vergeben heißt

keinesfalls, der Person, die Sie verletzt hat, einen Freibrief für
weitere Angriffe auszustellen.

7. *Treffen Sie eine Einschätzung, ob das verletzende Verhalten*
anderer positive Erfahrungen infrage stellen kann – vielleicht
auch solcher, die Sie mit dieser Person gemacht haben. Wägen
Sie ab und entscheiden Sie, ob Sie verzeihen wollen. Schaffen Sie
es loszulassen?

8. *Wenn Sie bereit sind zu vergeben, dann nehmen Sie stellvertre-*
tend für die Person, um die es geht, ein Bild oder Symbol zur
Hand und sagen Sie diesem Gegenstand: »Ich verzeihe dir« –
auch wenn Sie sich zunächst etwas albern dabei vorkommen.
Wenn Sie diesen Satz einige Male wiederholen, werden Sie ein
Gefühl der Vergebung verspüren. Wenn Sie möchten, dann
setzen Sie die symbolische Geste in eine reale Handlung um,
indem Sie mit der entsprechenden Person das Gespräch suchen.

Wenn Sie den Eindruck haben, nun mit sich und dem Geschehen im Reinen zu sein, dann gehen Sie zum zweiten Punkt auf Ihrer Liste über. Jetzt haben Sie einen Vorteil: Sie *wissen,* dass Sie prinzipiell in der Lage sind zu vergeben und innerlich loszulassen, Sie haben das damit verbundene Gefühl der Befreiung und Erleichterung gespürt.

Arbeiten Sie sich Schritt für Schritt durch Ihre Liste durch und spüren Sie, wie die Bitterkeit weicht und nicht länger Ihre Wahrnehmung trübt. So können Sie offen und unbelastet von alten Verletzungen Ihr Leben und Ihre Zukunft gestalten. Mit dem Vergangenen Frieden zu schließen, versetzt Sie in die Lage, frei von Vorbehalten Entscheidungen zu treffen, die Ihren weiteren Lebensweg positiv beeinflussen. Sie nehmen Ihr Leben in die

Hand, statt sich als Opfer dessen zu betrachten, was Ihnen irgendwann in der Vergangenheit an Schmerz zugefügt wurde. Sie entscheiden sich bewusst dagegen, auch in Zukunft weiter darunter zu leiden.

Diese Übung des Vergebens und Loslassens können Sie auch einsetzen, um mit derzeit nicht lösbaren Konflikten, unabänderlichen Tatsachen oder unfertigen Lösungen leben zu lernen. Mit dem Schicksal zu hadern ist ebenso unproduktiv und selbstschädigend, wie Groll gegen sich selbst oder andere zu konservieren. Wer das Vergeben stetig übt und weiterentwickelt, kann sich nachhaltig von Bitterkeit und Groll befreien.

»Glück hängt nicht davon ab, wer du bist oder was du hast;
es hängt nur davon ab, was du denkst.«

Dale Carnegie

Grübeln Sie nicht über Vergangenes nach, sondern fragen Sie sich: Was will ich jetzt und heute? Wie will ich leben? Was brauche ich und was wünsche ich mir für mein Leben? Was freut mich und welche Menschen habe ich gerne um mich?

So richten Sie das Zentrum Ihrer Aufmerksamkeit auf Möglichkeiten und Chancen und signalisieren sich gleichzeitig selbst, dass Sie Ihre Wünsche und Bedürfnisse ernst nehmen und wertschätzen.

Negative Gefühle: Was sie signalisieren und wie wir sie verwandeln können

Alle Gefühle haben ihren Platz und Nutzen. Zorn und Wut bringen uns dazu, uns zur Wehr zu setzen und zu kämpfen, während Angst uns fliehen und uns in Sicherheit bringen lässt. Auch das Schamgefühl hat seine Berechtigung: Es hilft das Einhalten sozialer Regeln zu sichern und schützt davor, aus einer Gruppe ausgeschlossen zu werden.

Negative Emotionen wie Angst oder Zorn sind, evolutionsgeschichtlich betrachtet, vorteilhaft für das Überleben. Dennoch schlägt ein Übermaß davon ins Gegenteil um. Statt uns zu schützen, schädigen uns diese Gefühle dann. Chronisch gepflegte negative Emotionen können krank machen und nicht nur die Psyche, sondern auch das Kreislaufsystem, das Herz und andere Organe belasten. »Negative Gefühle erhöhen bei allen Menschen die Gefahr für einen Infarkt so stark wie Bluthochdruck«, befindet beispielsweise Karl-Heinz Ladwig, Herzexperte in der Klinik für Psychosomatik der Technischen Universität München (Süddt. Zeitung, 04/2013).

Negative Emotionen herunterzuspielen oder auszublenden, um »das Gesicht zu wahren«, ist als Strategie in manchen Situationen durchaus tauglich, auf Dauer jedoch unbrauchbar, denn die dahinter verborgenen Emotionen verschwinden nicht einfach, sondern kochen bei der nächsten Gelegenheit erneut hoch. Sich negative Gefühle zuzugestehen ist wichtig – wir dürfen alles fühlen, was wir eben fühlen – und doch ist es gleichzeitig wichtig, uns nicht von Emotionen wie Zorn, Angst, Scham oder Ärger überwältigen und damit zu unüberlegten Handlungen hinreißen zu lassen. Wie können wir also souverän mit negativen Emotionen umgehen? Es hilft, in entsprechenden Situationen einen Realitätscheck zu machen und eine Einschätzung zu treffen: Droht tatsächlich eine Gefahr oder bin ich jetzt nur drauf und dran, entsprechend eines gewohnten inneren Musters zu reagieren?

Impuls 12:
Emotionen hinterfragen

Wenn in einer bestimmten Situation negative Emotionen in Ihnen aufsteigen – etwa Furcht, Misstrauen, Ärger, Rachegefühle, Scham, Eifersucht o. Ä., halten Sie einen Augenblick lang inne. Statt impulsiv auf die gewohnte Art und Weise zu reagieren, fragen Sie sich:

* *Was ist das jetzt für ein Gefühl? Was fühle ich genau?*

  ....

* *Wodurch wurde das Gefühl ausgelöst?*

  ....

* *Woher kenne ich dieses Gefühl? Wann ist es noch aufgetaucht? Was ging dem damaligen Auftauchen des Gefühls voraus?*

  ....

* *Woher weiß ich eigentlich, dass meine Interpretation der Situation »wahr« ist? Kann es sich nicht auch anders verhalten? Wie könnte es noch sein?*

  ....

- *Was kann ich tun, um mir mehr Klarheit zu verschaffen? (Beispielsweise durch gezieltes Nachfragen, wie der Gesprächspartner etwas gemeint hat)*

  ....

- *Woher weiß ich eigentlich, dass tatsächlich etwas Negatives oder Gefährliches passieren wird? Und wie wahrscheinlich ist dies?*

  ....

- *Falls ich mit meiner Interpretation richtig liege: Was ist das Schlimmste, was geschehen könnte? Und was kann ich tun, um diesem Schlimmsten die Spitze zu nehmen?*

  ....

(Wer sich beispielsweise davor fürchtet, vor Kollegen etwas zu präsentieren, könnte es als schlimmste Möglichkeit sehen, dass er mit rotem Kopf dasteht, kein Wort herausbringt und alle lachen. Der Super-Gau! Dem Schlimmsten die Spitze zu nehmen, heißt: Was kann ich tun, um dies zu entschärfen? Da geht es dann um Aktivität: Den Vortrag gut vorbereiten, sich überlegen, welche Hilfen sich für den Einstieg nutzen lassen etc. Statt in schlimmen Befürchtungen zu verharren, richten sich die Gedanken nun auf lösungsorientiertes Handeln).

Innehalten und herausfinden, was der Kern des inneren Aufruhrs sein könnte, ist ein erster wichtiger Schritt zur Emotionskontrolle. Wir nehmen dann praktisch die Rolle eines Beobachters ein, und von dieser Warte aus ist die Gefahr weit geringer, dass uns die Gefühle einfach überschwemmen und unsere Reaktionen steuern. Mit impulsiven Reaktionen ist rasch eine Menge Porzellan zerschlagen und manche Beziehung wird so beschädigt, dass diese nicht wieder ins Lot zu bringen ist. Es lohnt zu trainieren, Gedanken, Empfindungen und Gefühle neutral zu beobachten, ohne sofort reflexartig darauf zu reagieren. So können wir verhindern, dass Situationen sich durch vielleicht ebenso impulsive Reaktionen anderer immer mehr hochschaukeln.

Viele Emotionsforscher sind sich mittlerweile darüber einig, dass es sinnvoll ist, die Situationen, in denen sich gewohnheitsmäßig negative Gefühle in den Vordergrund drängen, zu hinterfragen und dann anders als bisher zu interpretieren. Damit werden neue, lösungsorientierte Denk- und Handlungsweisen überhaupt erst vorstellbar.

Machen Sie sich immer wieder bewusst, dass Gefühle sich nicht einfach so ereignen, sondern dass Sie Einfluss darauf haben. Ihre Gefühle entstehen durch Ihre Gedanken, durch die Interpretation bestimmter Reize oder Signale. Das können Erinnerungen sein, bestimmte Sinneseindrücke oder der Verlauf eines Gesprächs. Wenn Sie die Interpretation dieser Reize oder Signale verändern, verändern Sie auch Ihre Gefühle. Haben Sie bisher beispielsweise die mürrische Stimmung eines Kollegen wie einen Angriff gegen sich selbst gewertet, so können Sie nun das Phänomen einfach als dessen Eigenheit betrachten, für die Sie nicht verantwortlich sind. Das wird Ihnen helfen, in der entsprechenden Situation wesentlich entspannter zu bleiben. Statt wie bisher zu grübeln (»Habe ich ihm vielleicht irgendwas getan, was könnte das sein, wie war das gestern, vorgestern, habe ich etwas Unbedachtes gesagt?« usw.) und viel Energie dafür zu verschwenden, sagen Sie sich jetzt: »Seine Baustelle. Wenn es etwas mit mir zu tun haben sollte, wird er schon den Mund aufmachen.« Sie widmen Ihre Energie lieber eigenen Projekten und Vorhaben. Unsere Gedanken können stimmungstrübend oder stimmungsaufhellend sein – je nachdem, worauf wir uns konzentrieren.

Impuls 13: Fragen, die wir uns häufiger stellen sollten

Wenn wir unsere Aufmerksamkeit auf eine bestimmte Sache lenken, verstärkt sich diese, weil sich unser Gehirn damit beschäftigt. Machen Sie ein kleines Experiment: Stellen Sie sich die nachfolgenden Fragen in der nächsten Woche jeden Tag morgens als Erstes und abends als Letztes. Finden Sie auf jede Frage mindestens eine Antwort – gerne auch mehr. Finden Sie jeden Morgen und jeden Abend jeweils eine neue Antwort auf jede Frage.

- *Worüber bin ich momentan (besonders) froh – oder könnte es sein, wenn ich es wollte?*

  ....

- *Was ist heute meine schönste Erinnerung?*

  ....

- *Welche Musik bringt mich in gute Stimmung?*

  ....

- *Was schaue ich mir gerne an?*

  ....

- *Wo fühle ich mich besonders wohl?*

....

- *Worauf bin ich (besonders) stolz oder könnte es sein, wenn ich es wollte?*

....

- *Wofür bin ich dankbar – oder könnte es sein, wenn ich es wollte?*

....

- *Wen mag ich besonders gern? Wer ist mir sympathisch?*

....

- *Mit welchem Menschen bin ich gerne zusammen?*

....

- *Was begeistert mich – oder wofür könnte ich mich begeistern?*

....

- *Was tue ich besonders gerne?*

....

Ziehen Sie nach einer Woche Bilanz. Was hat sich verändert? Halten Sie Ihre Eindrücke dazu wieder schriftlich fest.

Der »Tipping Point«: Warum wir dreimal mehr positive als negative Gefühle haben sollten

Als den Tipping Point (»Umkipp-Punkt«) bezeichnet man jenen Punkt, der nach einer Phase der linearen Entwicklung schließlich ein »Kippen«, eine qualitative Veränderung herbeiführt – beispielsweise beim Erhitzen von Wasser: Das Wasser wird stetig kälter und kälter, bis es schließlich gefriert und damit in einen anderen Aggregatzustand »kippt«. Einen solchen Tipping Point gibt es auch im Umgang mit unseren Gefühlen, wie die amerikanische Psychologin Barbara Fredrickson anhand einer Reihe von Studien herausfand. Die Faustregel lautet 3 : 1. Wer, längerfristig betrachtet, mindestens dreimal mehr positive als negative Gefühle empfindet, der reagiert beispielsweise auch besonnener und gelassener auf auftauchende Probleme, Widrigkeiten und Schicksalsschläge. Auf jedes negative Gefühl sollten also mindestens drei positive kommen. (siehe auch Seite 130)

Dabei geht es nicht darum, negative Emotionen zu »verbannen« und nur noch Emotionen wie Freude, Liebe oder Heiterkeit zuzulassen. Negative Emotionen sind, wie schon gesagt, nicht per se falsch oder nur ein lästiges Übel, sondern natürlich und notwendig. Sie signalisieren uns, dass etwas im Argen liegt oder nicht funktioniert, und motivieren uns dazu, Entscheidungen zu treffen und neue Lösungen zu finden, damit die Lage sich bessern kann. Es gilt, diese Warnfunktion zu akzeptieren und anzuerkennen.

Letztlich benötigen auch positive Emotionen einen Kontrast, um intensiv als positiv erlebt werden zu können. Wer durstig ist, dem schmeckt ein Glas Wasser um vieles besser als jemandem, der vorher bereits mehrere Gläser getrunken hat. Entscheidend ist eben nur, dass Sie auf jedes negative Gefühl dreimal mehr positive erleben und dass die Gefühle nicht »gespielt«, sondern echt empfunden sind. Sich nur einzureden, man sei in einer positiven Stimmung, hat hingegen negative Auswirkungen auf unsere Gesundheit. Wenn wir »echt« positiv gestimmt sind, nehmen wir mehr um uns herum wahr und sind auch kreativer.

Wie soll das gehen? Schließlich ist der Alltag ja häufig alles andere als spaßig, sondern vielmehr von Hektik und Stress geprägt. Oft plagen uns viele kleine Missgeschicke und Missverständnisse, die ihrerseits wieder zu jeder Menge Ärger und Verdruss führen. Unverständliche Anweisungen, Kollegen mit nervtötenden Angewohnheiten, ein sich auftürmender Stapel unerledigter Aufgaben. Da kann dann unsere Stimmung ja nur mies sein, oder?

Und außerdem: was ist mit den Genen und mit den prägenden Mustern aus der Kindheit? Ist ein hoffnungsfrohes, ausgeglichenes Temperament nicht das Resultat von genetischer Veranlagung kombiniert mit persönlichen Erfahrungen? Natürlich haben Erbanlagen einen Einfluss darauf, welche Einstellungen wir dem Leben gegenüber entwickeln, und auch die Erziehung prägt viele unserer Denk- und Verhaltensweisen. Dennoch ist das, was wir ausprägen, nicht für immer festgelegt, ganz im Gegenteil. Wir können umlenken, umsteuern. Um uns und unsere Wahrnehmung von der Welt zu verändern, müssen wir also das Gute stärken. Wir können dieses Umsteuern zu einem glücklicheren Leben mit einer Knospe vergleichen, die sich dann Tag für Tag mehr öffnet und entfaltet. Es kommt darauf an, sich möglichst viele kleine Glücksmomente bewusst zu machen, die jeder Tag mit sich bringt. Das kann der Sonnenaufgang am Morgen sein, der Duft frisch gebrühten Kaffees, das Schnurren der Katze, das freundliche »Guten Morgen« der Kollegin usw. Kleine Dinge eben.

Kleine Sonnenstrahlen

Es ist also nicht die große Euphorie oder Ekstase dafür notwendig, dass wir uns lebendig fühlen können. Und es müssen sich auch nicht unbedingt persönliche Herzenswünsche erfüllen, damit wir Glück empfinden. Wirksamer als auf die großen außergewöhnlichen Glücksbringer zu warten, die uns nur dann und wann widerfahren, ist es, möglichst viele kleine glückliche Momente zu erleben, in denen wir ganz im Hier und Jetzt sind. Statt uns zu sehr mit Plänen, Sorgen und Problemen zu beschäftigen, können wir die kleinen Glücksmomente aufmerksam und achtsam erleben. Jeder Tag bietet viele dieser kleinen, erhebenden Momente. Wir müssen uns nur darin schulen, sie wahrzunehmen. Einige Minuten Stille an einem hektischen Tag, ein Sonnenstrahl, der durchs Fenster fällt, das Lächeln eines lieben Menschen, eine plötzlich aufblitzende schöne Erinnerung ...

Ein paar Momente lang fühlen wir uns froh, inspiriert oder zufrieden, sind begeistert oder gerührt. Dann kehren wir in den »neutralen Modus« zurück. Positive Gefühle krampfhaft festhalten zu wollen ist zwecklos. Je mehr wir dies versuchen würden, desto schneller würden sie sich auflösen. Das bedeutet, wir tun gut daran, immer wieder für »Nachschub« zu sorgen – uns intensiv mit Dingen zu beschäftigen, die in uns positive Gefühle hervorrufen.

Wie die Studien von Barbara Fredrickson zeigen, sind Menschen, die ihren Tipping Point dauerhaft über das Verhältnis 3 : 1 heben, nicht nur persönlich zufriedener und glücklicher, sondern fühlen sich auch intensiver mit anderen Menschen verbunden. Davon profitieren ihre beruflichen und privaten Beziehungen, da sie bei anderen ebenso wie bei sich selbst eher die positiven als die negativen Seiten wahrnehmen und sich gemäß dieser »Voreinstellung« verhalten.

Je weiter das Verhältnis der Häufigkeit von positiven zu negativen Gefühlen hingegen sinkt, desto ausgeprägter entwickelt sich eine durch Negativität genährte Abwärtsspirale. Wir haben dann den Eindruck, ständig große Belastungen schultern zu müssen und »keine Zeit« mehr für die kleinen Wohlfühlmomente des Alltags zu haben.

Wird das Verhältnis der positiven zu den negativen Gefühlen hingegen wieder über den Tipping Point gehoben, dann wandelt sich die Abwärtsspirale in eine Aufwärtsspirale. Wir spüren Auftrieb, sind optimistisch, fühlen uns lebendig und kreativ. Entweder – oder. Das 3:1-Verhältnis ist dabei die entscheidende Größe. Der Tipping Point entscheidet, ob wir in unserer Entwicklung stagnieren oder ein erfülltes Leben führen, ob wir unser Potenzial entfalten oder früh verwelken.

Gute Gefühle bewirken mehr, als einfach nur angenehm zu sein. Unter dem Einfluss von Gefühlen wie Neugier, Dankbarkeit, Zuneigung oder Freude sind wir aufgeschlossener und aufnahmebereiter für das, was in unserer Umgebung geschieht. Wissenschaftler haben in mehreren Studien dokumentiert, dass die Probanden unter dem Einfluss positiver Gefühle in Aufgaben, die die Wahrnehmung betreffen, besser abschnitten als Probanden in neutraler oder negativer Gefühlslage. Unter dem Vorzeichen positiver Gefühle sind wir demnach auch besser in der Lage, in einer schwierigen Situation das ganze Bild zu erkennen, wo wir uns ansonsten in Details verlieren würden. Andere Untersuchungen haben dargelegt, dass wir uns – gut gelaunt, in positiver Stimmung – mit unseren Mitmenschen viel enger verbunden fühlen und uns auch hilfsbereiter verhalten.

Forscher der Universität von Wisconsin haben zudem gezeigt, dass es zwischen der Art unserer Gefühle und dem Immunsystem einen direkten Zusammenhang gibt: Optimismus und Zuversicht stärken die Immunabwehr. Wer Humor hat, gerne und viel lacht, beeinflusst damit indirekt auch die Ausschüttung körpereigener Hormone – jener Hormone, die Stress abbauen helfen und Schmerzen lindern.

Glück, Zufriedenheit, Freude: Was Sie tun können, damit goldene Momente häufiger werden

Laut den Forschungsergebnissen der Positiven Psychologie kann sich eine bejahende Lebenseinstellung insbesondere in zehn unterschiedlichen Qualitäten zeigen:

- Freude
- Liebe
- Heiterkeit
- Vergnügen
- Dankbarkeit
- Inspiration
- Interesse
- Hoffnung
- Stolz
- Ehrfurcht

Jeder kennt diese Gefühle, hat sie mehr oder weniger häufig erlebt, und es gibt ganz unterschiedliche Situationen und Erlebnisse, die wir damit verbinden. Liebe kann sich nicht nur auf andere Menschen beziehen, sondern darüber hinaus beispielsweise auch auf Haustiere, Orte, Hobbys, Veranstaltungen usw. Ebenso kann sich Interesse auf viele verschiedene Dinge beziehen: Wir können interessiert sein an Neuigkeiten, an bestimmten anderen Menschen, an Dingen, die wir lernen wollen, an Orten, Zusammenhängen oder Erklärungen. Mit anderen Begriffen verhält es sich genauso: Wir ordnen ihnen anhand unserer Erlebnisse in der Vergangenheit ganz individuell eine Bedeutung zu. Von daher ist es zunächst einmal wichtig, sich über die individuelle Bedeutung klar zu werden und sich zu erinnern, wo diese positiven Qualitäten eine Rolle gespielt haben.

Impuls 14:
Der Schatz meiner positiven Gefühle

Nehmen Sie sich etwas Zeit und machen Sie sich –
wieder schriftlich – Gedanken über die zehn positiven Gefühle.
Welche Bedeutung ordnen Sie ihnen jeweils zu?
Wo haben Sie jeweils das Vorhandensein dieses Gefühls wahrgenommen? Finden Sie jeweils drei Beispiele dafür, wo Sie das jeweilige Gefühl deutlich gespürt haben:

* *Freude bedeutet für mich: ....*
  Ganz deutlich verspüre ich Freude, wenn ...

  ....

* *Liebe bedeutet für mich: ....*
  Ganz deutlich fühle ich Liebe, wenn ...

  ....

* *Heiterkeit bedeutet für mich: ....*

  ....

- *Ganz deutlich erlebe ich Heiterkeit, wenn ...*

....

- *Vergnügen bedeutet für mich:* ....
  Ganz deutlich empfinde ich Vergnügen dabei, wenn ...

....

- *Dankbarkeit bedeutet für mich:* ....
  Ganz deutlich verspüre ich Dankbarkeit, wenn ...

....

- *Inspiration bedeutet für mich:* ....
  Ganz deutlich fühle ich mich inspiriert, wenn ...

....

- *Interesse bedeutet für mich:* ....
  Ganz deutlich verspüre ich Interesse, wenn ...

....

- *Hoffnung bedeutet für mich:* ....
  Ganz deutlich erlebe ich Hoffnung, wenn ...

....

- *Stolz bedeutet für mich:* ....
  Ganz deutlich empfinde ich Stolz, wenn ...

....

- *Ehrfurcht bedeutet für mich:* ....
  Ganz deutlich verspüre ich Ehrfurcht, wenn ...

  ....

Während wir uns an Situationen erinnern, in denen wir eine oder mehrere dieser Emotionen – Freude, Dankbarkeit, Interesse, Liebe, Stolz, Vergnügen, Inspiration, Heiterkeit, Ehrfurcht oder Hoffnung – verspüren, leben diese Gefühle in uns auf und sorgen für gute Stimmung. Jeder von uns hat seine ganz speziellen Auslöser, die helfen, die Lebensfreude zum Sprudeln zu bringen. Statt den Blick auf das zu richten, was fehlt, wo wir Mangel oder Benachteiligung verspüren oder was nicht so läuft, wie es laufen sollte, ist es für unser Wohlbefinden besser, öfter bewusst zu feiern, was alles gut in unserem Leben ist. Froh zu sein über all die Annehmlichkeiten, die das Leben uns bietet. Und auch froh zu sein über alles, was wir *nicht* haben, wovon wir frei sind: bestimmte Sorgen, Schmerzen, unangenehme Dinge.

Vielleicht kaufen Sie sich eine Schale oder einen Schmuckstein als Symbol für all das, was schön ist in Ihrem Leben, vielleicht tanzen Sie einfach ganz für sich zu Ihrem Lieblingssong. Sich zu überlegen, was schön ist im eigenen Leben und dem einen Ausdruck zu geben, setzt viel positive Energie frei.

»Glück entsteht oft durch Aufmerksamkeit in kleinen Dingen, Unglück oft durch die Vernachlässigung kleiner Dinge.«

Wilhelm Busch

Wie Sie aktiv für gute Erinnerungen sorgen

Wenn Sie sich Ihre Notizen zu den beiden Übungen

- »Fragen, die wir uns häufiger stellen sollten« und
- »Der Schatz meiner positiven Gefühle«

zur Hand nehmen, sehen Sie, dass dort schon eine beachtliche Anzahl von Erfahrungen, Erinnerungen und Vorstellungen versammelt ist.

Einige der Impulse verdanken wir dem Zufall, andere jedoch lassen sich bewusst initiieren. Wenn wir uns über einen längeren Zeitraum mit Übungen und Techniken beschäftigen, die positive Erlebnisse wahrscheinlicher machen, verändert sich nach und nach die innere (Grund-)Haltung, sodass uns schließlich die optimistische, bejahende Lebenseinstellung zur zweiten Natur wird. Und: Wenn wir es üben, unsere täglichen Herausforderungen als Geschenke und »Lehrstunden des Lebens« zu betrachten, so kann jedes Hindernis, das sich uns in den Weg stellt, zu einem Sprungbrett in unserer persönlichen Entwicklung werden.

Impuls 15:
Ideen für selbst initiierte Lichtblicke

Sie können die Zahl schöner Momente erhöhen, indem Sie

- *sich häufig an schöne Erlebnisse erinnern,*
- *sich selbst Wertschätzung zeigen und sich loben,*
- *sich mit einem Hobby beschäftigen, mit etwas, das Sie besonders gerne tun,*

- *Sie körperlich aktiv sind,*
- *sich nach einer anstrengenden Aufgabe bewusst Entspannung gönnen,*
- *Ihren Körper liebevoll pflegen,*
- *sich zum Essen Zeit nehmen und jeden Bissen genießen,*
- *jemandem ein Geschenk machen,*
- *jemandem unerkannt etwas Gutes tun,*
- *ein anregendes Buch lesen,*
- *sich von Dingen entlasten, die Sie nicht oder nicht mehr brauchen,*
- *sich etwas trauen, obwohl Sie Angst haben,*
- *etwas Neues ausprobieren.*

Dies sind nur einige wenige Anregungen; es gibt noch viele andere Möglichkeiten, die Sie nutzen können, um sich selbst etwas Gutes zu tun.

Natürlich reagieren wir auch auf viele Handlungen von Freunden, Kollegen oder Familienangehörigen, überhaupt von Menschen in unserer Umgebung emotional – positiv oder negativ, je nachdem, wie wir das, was wir mit anderen erleben, einschätzen und bewerten.

Erfahrungen mit anderen Menschen können in uns nur dann eine positive Resonanz auslösen, wenn wir aufmerksam sind und bereit, das, was uns begegnet, auch entsprechend zu interpretieren. Nur dann, wenn wir ein Erlebnis, eine Erfahrung als angenehm oder erfreulich für uns bewerten, kann auch Freude aufkommen. Dabei hilft es uns, nichts als selbstverständlich vorauszusetzen. Es ist nicht selbstverständlich, von jemandem bemerkt, geschätzt oder anerkannt zu werden. Es ist nicht selbstverständlich, dass sich ein Freund Zeit für uns nimmt. Es ist nicht selbstverständlich, ein Kompliment zu bekommen. Nichts ist selbstverständlich.

Erfahrungen, die die Lebensfreude stärken

- *Ein Lob oder ein Kompliment,*
- *eine gute Nachricht*
- *ein Lächeln vom Partner, von einem Freund oder Kollegen – oder auch ganz unverhofft von einem Fremden,*
- *Sonnenschein nach Regen,*
- *eine Massage,*
- *die Anerkennung eines beruflichen oder privaten Erfolgs,*
- *eine zärtliche Berührung,*
- *ein vertrauensvolles Gespräch mit einem Freund,*
- *eine Begegnung mit jemandem, der ähnlich tickt wie Sie selbst,*

und vieles mehr. Auch diese Liste zeigt nur einen kleinen Ausschnitt möglicher Freuden. Je aufmerksamer Sie Positives in Ihrer Umgebung registrieren, desto mehr Anlässe, sich zu freuen, werden Sie finden.

Wenn sich die positive Haltung mehr und mehr stabilisiert, sichert dies eine höhere Lebensqualität –unabhängig von der Höhe des Einkommens und dessen, was wir besitzen oder nicht besitzen.

»Freude ist die Gesundheit der Seele.«

Aristoteles

Dies ist heute nicht anders als damals im Griechenland der Antike. Bereits die Vorfreude auf ein Ereignis gibt dem Lebensgefühl einen positiven Kick. Richten Sie Ihr Augenmerk häufiger auf die Situationen und Ereignisse, auf die Sie sich freuen können: das Heimkommen nach einem harten Arbeitstag, der Abschluss eines Projektes, ein leckeres Mittagessen, ein Spaziergang durch den Park usw. Viele dieser Vorfreude erzeugenden Situationen können wir selbst »säen«, indem wir die Initiative dazu ergreifen, indem wir uns etwas vornehmen, von dem wir wissen, dass es uns guttun wird.

Impuls 16:
Säen, um zu ernten

Was können Sie an Impulsen »säen«, um gute Gefühle zu »ernten«?
Nehmen Sie sich nochmals die Aufzeichnungen zu den zehn
positiven Gefühlen nacheinander vor: Freude, Dankbarkeit,
Interesse, Liebe, Stolz, Vergnügen, Inspiration, Heiterkeit, Ehr-
furcht und Hoffnung. Erinnern Sie sich wieder an die Situationen,
in denen Sie das jeweilige Gefühl empfunden haben, und
notieren Sie sich jeweils Antworten für die nachfolgenden
Fragen:

• *Wo waren Sie und was taten Sie gerade?*

  ....

• *Was war der Auslöser für dieses Gefühl?*

  ....

- *Welche weiteren Auslöser für das Gefühl können Sie sich vorstellen?*

  ....

Beim dritten Punkt schreiben Sie bitte so viele vermutete weitere Auslöser wie möglich auf, vor allem auch kleine Dinge, die Sie leicht in Ihren Alltag integrieren können. Denken Sie an sinnliche Wahrnehmungen, Begegnungen, Bewegung, kreatives Tun usw.

Was können Sie an Auslösern »säen«, um gute Gefühle zu »ernten«? Ergänzen Sie Ihre Liste in den nächsten Tagen immer wieder um weitere Ideen. Und dann: anwenden! Gehen Sie gezielt daran, Schönes zu planen und zu erleben, statt es zu verschieben auf »irgendwann einmal, wenn ich Zeit habe«.

Alle großen Veränderungen im Leben zum Guten wie zum Schlechten hin nehmen ihren Anfang in einer Veränderung des Denkens, der inneren Haltung. Betrachten Sie Ihre Ideensammlung wie ein großes Päckchen mit Wildblumensamen. Wenn Sie in der Gärtnerei ein solches Samenpäckchen kaufen, bedeutet dies nicht automatisch, dass aus jedem dieser Samen eine vitale Pflanze wird. Manche entwickeln nur mickrige Triebe, andere gehen gar nicht auf. Aus einigen aber werden starke und gesunde Pflanzen, die viele Früchte oder Blüten tragen.

Nicht jede Ihrer neuen Ideen wird gleich »Früchte tragen« – doch wenn sich Ihr Blick auf die Dinge nicht ändert, wird sich gar nichts zum Besseren wenden. In der Rückschau ist es leichter nachvollziehbar, welche Auslöser zu welchen Wirkungen führen, als in der betreffenden Situation selbst. Sich der Zusammenhänge zwischen »säen« und »ernten« bewusster zu werden, erleichtert es, befriedigendere Entscheidungen zu treffen und damit gute Erinnerungen zu schaffen. Ganz einfach gesagt: Wir ernten, was wir säen.

Bleiben Sie dran, setzen Sie sich jedoch nicht unter Druck. Auch Ihre »alte« Art, die Dinge zu sehen, hat viel Zeit gebraucht, sich zu entwickeln, dementsprechend wird es eine Weile dauern, Ihre Perspektive so zu verändern, dass Sie offen für schöne Momente werden und eher positiv als negativ denken. Den Tipping Point auf ein Level von über 3 : 1 zu heben, ist enorm wichtig für das Selbstwertgefühl, die Tatkraft und letztlich auch für die Lebenszufriedenheit.

Impuls 17: Freu-Tagebuch

Legen Sie neben Ihrem Logbuch ein spezielles Tagebuch an, in das Sie jeden Abend drei Dinge eintragen, über die Sie sich im Laufe des Tages gefreut haben. Es sollten jeden Tag drei andere Dinge sein. Machen Sie es sich zur Gewohnheit, am Abend eine solche kurze Freude-Rückschau auf den Tag zu halten.

Allein schon das Wissen darum, dass am Abend Ihr Freu-Tagebuch auf Eintragungen wartet, wird Sie immer sensibler dafür machen, am Tag eher die guten als die miesen Momente wahrzunehmen – Momente, die Sie bisher übersehen oder gleich wieder vergessen haben. Bitte haben Sie dabei auch wieder die »Kleinigkeiten« im Blick. Oft sind es eben gerade die kleinen Dinge, die im Alltag beglücken und erfreuen.

Starten Sie Ihren Tag nicht nur optimistisch, sondern beenden Sie ihn auch so. Ziehen Sie allabendlich ein Resümee der Glücksmomente, die der Tag Ihnen gebracht hat. Schreiben Sie auf, was Sie erlebt und wie Sie sich gefühlt haben. Denken Sie an Dinge wie eine unverhoffte Einladung, eine plötzliche Eingebung oder das angenehme Gefühl, nach einem anstrengenden Tag nach Hause zu kommen. Sie werden überrascht sein, wie viel Schönes Sie entdecken, wenn Sie sich bewusst auf die Wahrnehmung des Positiven konzentrieren.

ERLEBEN VON FLOW, AKTIVES ENGAGEMENT

Dieses Kapitel zeigt Ihnen, wie individuelle Werte, Talente und Stärken Wegweiser zum Lebensglück sein können. Sie erfahren mehr darüber, wie die persönlichen Werte einen prägenden Einfluss auf alle Entscheidungen ausüben und wie Sie diese Erkenntnis *für sich selbst gut nutzen können.*

Ein Überblick über die sechs Tugenden und 24 Charakterstärken, die die Positive Psychologie als besonders wichtig für die persönliche Entfaltung ansieht, gibt Ihnen die Möglichkeit, Ihr eigenes Stärkenprofil deutlicher zu erkennen und Wege zu erkunden, wie Sie diese Stärken weiter ausbauen können.

Vertiefte Kenntnisse über Motive und Motivationsarten unterstützen Sie dabei, Ihre eigenen inneren Antriebsmuster deutlicher zu erkennen und effektiver zu nutzen.

Sie enträtseln das Phänomen des Flow und üben sich darin, ihren eigenen Flow-Momenten auf die Spur zu kommen.

Sie vergegenwärtigen sich, wie wichtig Neugier und Entdeckungslust für Ihre persönliche Entwicklung sind und erproben Wege, wie Sie diese Fähigkeiten in sich weiter stärken können.

Sie lernen die wesentlichsten Faktoren für Arbeitszufriedenheit kennen und hinterfragen Ihre eigenen Einstellungen.

Anregungen, wie Sie Ihren Alltag kreativer gestalten können, inspirieren Sie zum Ausprobieren und Weiterdenken.

Eine kleine Lektion in Achtsamkeit beflügelt Sie, Ihren Alltag intensiver und gelassener zu genießen.

Unsere Werteordnung – der innere Leitstern

Der Trendforscher Peter Wippermann untersucht in Zusammenarbeit mit dem Marktforschungsinstitut TNS Infratest alle zwei Jahre, welche Werte in unserer Gesellschaft als besonders wichtig gelten. Im kürzlich vorgestellten aktuellen Werte-Index sind die nachfolgenden zehn Lebenswerte aufgelistet, die derzeit in der Betrachtung des eigenen Lebens für die meisten Menschen die größte Rolle spielen. In der Rangfolge, in der sie genannt wurden, sind dies:

1. Gesundheit
2. Freiheit
3. Erfolg
4. Familie
5. Gemeinschaft
6. Natur
7. Gerechtigkeit
8. Anerkennung
9. Nachhaltigkeit
10. Sicherheit

Für diese Analyse werteten die Marktforscher 1,7 Millionen Beiträge der populärsten deutschen Internetseiten, Blogs und Communities aus. Natürlich gibt es noch weit mehr Lebenswerte als diese zehn – Werte wie beispielsweise Ehrlichkeit, Liebe, Neugier, Schönheit, Zuverlässigkeit, Freundschaft, Zufriedenheit, Harmonie, Erfüllung, Einfluss, Macht, Ehre, Beziehungen, Lebenssinn, Vorbild sein, Sex, Geld, Lebensfreude, Status, Held oder Heldin sein, Mut, Gelassenheit, Heiterkeit, Kraft, Humor, Glücksgefühl, Disziplin, Verantwortungsgefühl, Zugehörigkeit, Abenteuer, Tapferkeit, Glaube, Geselligkeit, Toleranz, Ordnung, Ruhm, Individualismus, Bildung, Kreativität, Offenheit, Lässigkeit, Menschlichkeit usw. – eine riesige Fülle an Orientierungsmöglichkeiten. Um dem auf die Spur zu kommen, was Ihre Entscheidungen prägt, hilft der nachfolgende Impuls.

Impuls 18:
Die Leitsterne in Ihrem Leben

Nehmen Sie sich Zeit und finden Sie in Ruhe mehr über Ihre inneren Prioritäten heraus. Schreiben Sie zehn wichtige Entscheidungen auf, die Sie in den letzten Wochen getroffen haben.

1. ....

2. ....

3. ....

4. ....

5. ....

6. ....

7. ....

8. ....

9. ....

10. ....

Schreiben Sie dann hinter jede Entscheidung Ihre Vermutung, welche Werte zu dieser Entscheidung geführt haben könnten. Alle unsere Entscheidungen sind vom Abwägen verschiedener Werte geprägt. Welche könnten bei Ihren aufgelisteten Entscheidungen eine wichtige Rolle gespielt haben?

Analysieren Sie dann Ihre Notizen. Die Werte, die am häufigsten im Kontext der jeweiligen Entscheidungen auftauchen, sind Ihre inneren Leitsterne.

Markieren Sie die fünf Werte, die Ihnen innerhalb dieser Leitsterne intuitiv am allerwichtigsten sind, und schreiben Sie sie auf:

1. ....

2. ....

3. ....

4. ....

5. ....

Wenn Sie – aus welchem Grund auch immer – gezwungen wären, auf drei dieser fünf Werte verzichten zu müssen, welche beiden Werte blieben dann noch übrig? Von welchen beiden Leitsternen würden Sie sich auf keinen Fall trennen?

1. ....

2. ....

Halten Sie im Nachgang zu dieser Arbeit auch wieder Ihre Gefühle in Ihrem Logbuch fest. Wie fühlten Sie sich im Verlauf der Übung und auch jetzt, nachdem Sie Ihre beiden hauptsächlichen Leitsterne ausfindig gemacht haben?

Im Einklang mit unseren inneren Werten zu handeln stärkt uns, im Widerspruch zu ihnen zu handeln verunsichert uns, schwächt uns, macht uns beklommen und unsicher. Dann ist es so, als würden wir mit angezogenen Bremsen fahren. Einerseits glauben wir, gute Gründe zu haben, warum wir etwas Bestimmtes tun, andererseits spüren wir Widerwillen dagegen, weil es unseren Leitsternen zuwiderläuft, und so reagieren wir mit Niedergeschlagenheit, Ärger oder hilfloser Wut. Handeln wir hingegen in Übereinstimmung mit unseren Leitwerten, dann fühlen wir uns stark, froh und authentisch. Unsere Leitwerte wirken wie ein natürlicher Dünger: Sie bereiten den Boden dafür, dass wir unsere persönlichen Talente und Fähigkeiten optimal entfalten können. Ein guter Nährboden wirkt positiv auf das Wachstum von Blumen, Kräutern, Gräsern, Sträuchern, Bäumen. Ebenso ist die

Orientierung an unseren Werten die Bedingung dafür, unsere Gaben stimmig und erfolgreich einzusetzen.

Unsere Stärken – und wie sie die Lebenszufriedenheit beeinflussen

Unter den Begriffen »Potenzial« oder »persönliche Stärken« versammeln sich unterschiedliche Qualitäten: Begabungen oder Talente, (Charakter-)Eigenschaften, Kompetenzen in den verschiedensten Bereichen. Die meisten unserer starken Seiten sind eine Kombination aus genetischen Vorprägungen (bestimmte Begabungen oder Talente) und der Ausformung durch intensive und kontinuierliche Anwendung und Training (Schule, Elternhaus, Ausbildung ...).

Das Spektrum der Talente ist breit. Technische und logische Fähigkeiten sind dabei ebenso gemeint wie Kreativität, Menschenkenntnis und ein gutes Urteilsvermögen, die Fähigkeit zur Empathie ebenso wie Treue und Loyalität, Spontaneität ebenso wie Ausdauer – dies und vieles mehr können persönliche Talente sein. Wenn wir sie trainieren, dann gelangen sie zur Entfaltung und werden so zu herausragenden persönlichen Stärken, die wir »ganz automatisch« abrufen und spontan einsetzen können, Fähigkeiten, die uns praktisch in Fleisch und Blut übergegangen sind. Allgemein formuliert, sind Stärken diejenigen Qualitäten, die uns am meisten dabei unterstützen, erfolgreich zu sein, und maßgeblich dazu beitragen, dass wir uns bei unserem Tun wohlfühlen. Je nachdem, wie wir unsere Stärken einsetzen, können sie uns auf dem Weg zum Ziel Flügel verleihen.

»Das Wertvollste im Leben ist die Entfaltung der Persönlichkeit und ihrer schöpferischen Kräfte.«

Albert Einstein

Unsere Stärken beruhen also einerseits auf dem, was wir genetisch als Talent mitgebracht haben, und andererseits auf dem, was wir uns als spezielles Wissen und Können durch Lernen und Training angeeignet haben. Zum Talent müssen Wissen und Können dazukommen, damit eine Stärke daraus wird. Und beides lässt sich entwickeln durch Lernen, Anwenden und Üben.

Wenn wir unsere Talente kennen und sie zielgerichtet einsetzen, erreichen wir viel mehr, als wenn wir uns darauf konzentrieren, unsere Schwächen zu eliminieren. Widmen Sie also dem Ausbau Ihrer Talente und Fähigkeiten mehr Zeit und Energie als dem Versuch, etwaige Mängel zu bekämpfen oder gänzlich zu beseitigen. Eine Ausnahme bilden Schwächen, die der Weiterentwicklung Ihrer Talente im Wege sind. Diese sollten Sie angehen, denn Sie räumen damit ein Hindernis aus dem Weg, das die Entfaltung Ihres Könnens behindert.

Impuls 19:
Die eigenen Talente entdecken

Wenn Ihnen etwas leicht und ohne große Anstrengung von der Hand geht und Sie Ergebnisse erreichen, die andere nur mit großer Mühe erzielen, ist dies ein Hinweis auf eines Ihrer Talente. Andere Hinweise können sein, dass Ihnen eine Tätigkeit großes Vergnügen bereitet oder dass Sie sich in diesem Bereich sehr schnell Neues aneignen. Denken Sie an Ihren Alltag genauso wie an besondere

Situationen, an Ihren Beruf, an Ihre Beziehungen, Ihre Hobbys und Freizeitbeschäftigungen, und finden Sie Antworten auf die nachfolgenden Fragen – natürlich wieder schriftlich!

- Für welche Dinge interessieren Sie sich »einfach so«, ganz von allein?

  ....

- Womit beschäftigen Sie sich gerne – im Beruf, aber auch privat?

  ....

- Was fiel Ihnen auch schon als Kind sehr leicht? Worin waren Sie geschickt und wovon haben Sie geträumt?

  ....

- Worin sind Sie erwiesenermaßen gut? Was sagen andere darüber?

  ....

- Bei welchen Tätigkeiten vergessen Sie oft die Zeit?

  ....

- Auf welchen Gebieten verfügen Sie über eine rasche Auffassungsgabe?

  ....

- Welche Situationen, Menschen und Aufgaben passen zu Ihnen?

  ....

Notieren Sie alles, was Ihnen einfällt, auch scheinbar »unbedeu-
tende« Gaben und Fähigkeiten. Formulieren Sie dann aus Ihrer
Sammlung zu jedem Punkt einen Satz, der beginnt mit:
»Ich kann gut ...«

*Verwenden Sie keine Spiegelstriche für die Aufzählung, sondern
schreiben Sie immer wieder von Neuem: »Ich kann gut«, und nennen
Sie dann das jeweilige Talent.*

*Wenn Ihnen, während Sie dies tun oder auch danach, weitere
Fähigkeiten einfallen, dann schreiben Sie diese einfach dazu. Lassen
Sie sich Zeit und nehmen Sie sich die Fragen auch in den nächsten
Tagen immer mal wieder zur Hand, um sie weiter zu ergänzen.*

*Es kann auch passieren, dass Sie in Bezug auf manche Talente
»betriebsblind« geworden sind. Sie sind Ihnen so selbstverständlich,
dass Sie sie gar nicht als etwas Besonderes wahrnehmen. Fast alle
Menschen haben »blinde Flecken« in ihrer Selbstwahrnehmung. Das
ist ganz normal.*

*Stellen Sie daher einigen Ihnen nahestehenden Menschen – Eltern,
Lebenspartnern, Geschwistern, Freunden, Kollegen – ebenfalls diese
Fragen. Wie sehen die anderen Sie? Gibt es Übereinstimmungen?
Kommen Fähigkeiten zur Sprache, die Sie selbst gar nicht als solche
im Blick hatten? Wiegeln Sie nicht ab, nur weil Sie vielleicht bisher
geglaubt hatten, über diese oder jene Fähigkeit nicht zu verfügen!
Lassen Sie sich eines Besseren belehren und ergänzen Sie Ihre »Ich
kann«-Liste um die genannten Punkte.*

Wenn wir unsere Talente und Fähigkeiten gut kennen, können wir uns Gedanken machen, wie wir sie gezielt weiter entfalten. Und das macht Spaß – denn wir genießen es, Dinge zu tun, die wir gut können – und wir können Dinge besonders gut, weil wir uns viel und gern mit ihnen beschäftigen.

24 Charakterstärken und wie wir sie ausbauen können

Neben unseren praktischen Talenten und Fähigkeiten gibt es noch eine weitere Ausdrucksform unserer starken Seiten, die sogenannten Charakterstärken. Dies sind persönliche Tugenden und Qualitäten, für die wir ebenfalls – genau wie bei den Talenten – eine gewisse genetische Disposition mitbringen. Außerdem kommt es darauf an, inwieweit diese Charakterstärken durch Erziehung, persönliche Erfahrungen und Training ausgebaut oder abgeschwächt werden. Was versteht man genau unter Tugenden und Charakterstärken? Und inwieweit tragen sie dazu bei, Menschen beim Entfalten ihres Potenzials zu unterstützen?

Unter einer Tugend versteht man eine herausragende als positiv bewertete Eigenschaft oder auch eine vorbildliche Haltung. Man kann Tugenden als Ressourcen betrachten, die helfen, einer Aufgabe gerecht zu werden oder die Lebensqualität zu verbessern. Sie spielen auch in verschiedenen Formen des sozialen Engagements eine große Rolle. Philosophie und Religion beschäftigen sich seit Jahrhunderten mit dem Thema Tugenden und vor allem auch mit der Frage, ob es Tugenden mit einer kulturübergreifenden, universellen Gültigkeit geben könnte – etwa Qualitäten wie Gerechtigkeit, Weisheit, Mut oder Mäßigung, die im Zusammenleben von Menschen eine große Rolle spielen.

Charakterstärken oder auch »Signatur-Stärken«, wie Prof. Martin Seligman sie bezeichnet, sind psychologische Merkmale, die als Teil der Persönlichkeit bewirken, dass die Tugenden ausgebildet werden und vor allem auch in konkretes Handeln münden. Man geht davon aus, dass Charakterstärken, langfristig betrachtet, relativ stabil sind, sich jedoch auch infolge persönlicher Lebenserfahrungen weiterentwickeln und verändern. Und: Wie Studien belegen, lassen sich diese starken Seiten auch ganz bewusst trainieren.

Mittels des Charaktertests »Values in Action-Inventory of Strengths« (VIA-IS) schuf Martin Seligman zusammen mit seinem Kollegen, dem Psychologen Prof. Christopher Peterson, ein Werkzeug zur Klassifizierung von Stärken. Die beiden Forscher gehen dabei von sechs universellen Tugenden und 24 Signatur-Stärken aus, die im Zusammenhang mit Lebenszufriedenheit stehen:

Tugenden und Signatur-Stärken

Als die sechs Tugenden werden benannt:

1. Weisheit und Wissen
2. Mut
3. Liebe und Humanität
4. Gerechtigkeit
5. Mäßigung
6. Spiritualität und Transzendenz

Diesen sechs Tugenden werden dann 24 Charakterstärken zugeordnet.

1. Weisheit und Wissen

beinhalten kognitive Charakterstärken, die für den Erwerb und die Anwendung von Informationen und Erkenntnissen wichtig sind. Dazu zählen:

- Neugier: Interesse an der Umgebung haben
- Kreativität: neue und effektive Wege und Verfahren entwickeln
- Urteilsvermögen: Dinge durchdenken und verschiedene Aspekte abwägen können
- Liebe zum Lernen: sich mit neuen Informationen vertraut machen, sich Wissen aneignen
- Weisheit: in der Lage sein, guten Rat zu geben

2. Mut

beinhaltet emotionale Charakterstärken, die durch die Überwindung von Angst innere und äußere Hindernisse auf dem Weg zum Ziel überwinden:

- Authentizität: aufrichtig sein, sich natürlich geben
- Tapferkeit: Herausforderungen annehmen, sich Bedrohung oder Schmerz nicht beugen
- Ausdauer: zu Ende bringen, was begonnen wurde
- Enthusiasmus: der Welt mit Begeisterung und Freude begegnen

3. Liebe und Humanität

beinhalten interpersonale Charakterstärken, die empathische menschliche Interaktionen ermöglichen:

- Freundlichkeit: anderen Wertschätzung zeigen, hilfsbereit sein
- Bindungsfähigkeit: dauerhafte menschliche Nähe herstellen können
- Soziale Intelligenz: sich der eigenen Motive und Gefühle bewusst sein und sich auch in die von anderen einfühlen können

4. Gerechtigkeit

beinhaltet Charakterstärken, die das soziale Miteinander und das Gemeinwesen fördern:

- Fairness: mit Menschen grundsätzlich nach dem Prinzip der Gleichheit und Gerechtigkeit umgehen
- Führungsvermögen: Gruppenaktivitäten organisieren und koordinieren
- Teamfähigkeit: sich gut in ein Team einfügen

5. Mäßigung

beinhaltet Charakterstärken, die Maßlosigkeit und Gier entgegenwirken:

- Selbstregulation: das Vermögen, sich selbst zu organisieren und dadurch äußere Anforderungen aktiv zu gestalten
- Vorsicht: nichts äußern oder tun, was man später bereuen könnte
- Bereitschaft zu Vergeben: anderen verzeihen, die einem Unrecht getan haben
- Bescheidenheit: das Erreichte für sich sprechen lassen

6. Spiritualität und Transzendenz:
beinhalten Charakterstärken, die Sinn stiften und uns einer göttlichen Macht näherbringen:

- Hoffnung: optimistisch sein, Gutes erwarten und dementsprechend handeln
- Sinn für das Schöne: Wahrnehmen und Wertschätzen von Schönem, Besonderem und Herausragendem in allen Bereichen des Lebens
- Dankbarkeit: die Freude darüber, etwas erhalten zu haben und es zu schätzen wissen
- Humor: den Wechselfällen des Lebens mit Gelassenheit und Heiterkeit begegnen
- Spiritualität: von einem tieferen Sinn des Lebens überzeugt sein

Überlegen Sie: Welche dieser Signatur-Stärken sehen Sie bei sich selbst besonders ausgeprägt? Welche fünf Stärken sind jene, bei deren Anwendung Sie die intensivsten positiven Gefühle verspüren? Richten Sie sich in Ihrer Auswahl vorrangig nach Ihrer Intuition.

1. ....

2. ....

3. ....

4. ....

5. ....

»Meine Formel für ein gutes Leben lautet: Bringen Sie Ihre Signatur-Stärken jeden Tag und in Ihren wichtigsten Lebensbereichen ein, um eine überreiche Belohnung und authentisches Glück zu erlangen.«

Martin Seligman

Alle diese Signatur-Stärken lassen sich trainieren. Suchen und initiieren Sie Situationen, in denen diese gefragt sind und in denen Sie deren Anwendung üben können. Setzen Sie Ihre fünf größten Stärken möglichst jeden Tag in Ihrem Umfeld ein: im Job, im Freundes- und Kollegenkreis, in Partnerschaft und Familie, im ehrenamtlichen Engagement usw. Ideal ist es, sich schon am Vorabend darüber Gedanken zu machen, welche Aufgaben am nächsten Tag anstehen und wie sich dort die Stärken gezielt einsetzen lassen.

Die Anwendung Ihrer Talente, Fähigkeiten und Signatur-Stärken bewirkt, dass Sie sich in dem, was Sie tun, »am richtigen Platz« fühlen.

So tun Sie gut daran, sich im Alltag möglichst oft solchen Tätigkeiten zu widmen, bei denen Sie sowohl Ihre Talente als auch Ihre individuellen Charakterstärken gut einsetzen können, weil Sie so auch ganz automatisch mehr positive Gefühle erleben und Ihre Lebenszufriedenheit steigern. Konzentrieren Sie sich auf das, worin Sie gut sind! In dem Maße, in dem Sie sich Ihrer starken Seiten bewusst werden, lernen Sie sie gleichzeitig immer mehr zu schätzen.

Impuls 20:
Talente und Signatur-Stärken

Betrachten Sie noch einmal Ihre »Ich kann gut«-Liste und unterstrei-chen Sie diejenigen Talente und Fähigkeiten, zu denen Sie einen besonders positiven Bezug haben. – d. h., wenn Sie beispielsweise gut zeichnen können, dies aber nicht besonders gerne tun, ist das kein Kandidat fürs Unterstreichen. Können Sie hingegen gut zeichnen und lassen beispielsweise auch keine Gelegenheit aus, kleine Karikaturen anzufertigen, weil es Ihnen einfach viel Spaß macht, dann auf jeden Fall unterstreichen.

Betrachten Sie dann auch noch einmal diejenigen Signatur-Stärken, zu denen Sie einen besonderen Bezug haben.

Überlegen Sie: Wie können Sie mit dem Einsatz Ihrer Signatur-Stärken Ihre Talente und Fähigkeiten weiter steigern? Finden Sie (mindestens) drei Beispiele.

1. ....

2. ....

3. ....

Was wir besonders beachten, wird wachsen, also das, worauf wir unsere Zeit und Energie bevorzugt verwenden. Was wir außen vor lassen und nicht trainieren, schwächt sich ab. Wenn wir uns vorrangig auf das konzentrieren, was wir gut können und was uns Vergnügen bereitet, wird dies dazu führen, dass wir uns in dieser Fertigkeit noch weiter steigern und unsere Freude daran weiterwächst. Wir erleben uns als kompetent und »selbstwirksam«, d. h., wir sehen, dass wir durch unsere Aktivität etwas bewirken und Resonanz hervorrufen. Noch dazu hat jeder von uns auch brachliegende Fähigkeiten, die darauf warten, entdeckt und bewusst eingesetzt zu werden. Manchmal ist es sogar so, dass diese unbewussten, brachliegenden Fähigkeiten genau die sind, deren Anwendung uns mehr Freude und Erfüllung bringen als jene, die wir momentan bevorzugt einsetzen. Eine Fähigkeit in eine Fertigkeit zu verwandeln, gelingt uns, indem wir dem brachliegenden Talent eine Bühne schaffen, ein Feld, auf dem wir sie schulen und gezielt einsetzen.

Nutzen Sie einen der kommenden Tage für die Überlegung, welche Fähigkeit Sie gerne in eine Fertigkeit verwandeln wollen. Das kann in einem neuen Hobby geschehen oder vielleicht auch im Job. Vielleicht möchten Sie eine bestimmte Sprache lernen, in einem Chor singen, ein neues Computerprogramm beherrschen, eine Rede halten – vielleicht geht es auch darum, die Qualität Ihrer Beziehungen zu verbessern oder mehr Farbe und Abwechslung in Ihr Leben zu bringen. Was immer es ist, notieren Sie es sich und überlegen Sie sich gleich erste Schritte, wie Sie das, was Sie für sich entdeckt haben, am besten verwirklichen.

Was uns antreibt

Warum tun wir, was wir tun? Warum entscheiden wir uns für etwas und gegen etwas anderes? Was bewegt uns, wenn die unmittelbaren physiologischen Grundbedürfnisse wie Essen, Trinken, Schlafen, Sex, Wärme usw. befriedigt sind? Was motiviert uns dazu, die Realisierung bestimmter Vorstellungen zu verfolgen?

Der Begriff »Motivation« wird übersetzt mit *»die Beweggründe, die das Handeln eines Menschen bestimmen«.* »Motivieren« heißt laut Duden: *»begründen, anregen und anspornen«.* Dies meint die Bereitschaft, in einer bestimmten Situation auf eine bestimmte Art und Weise zu handeln – mit einer bestimmten Intensität bzw. auch Dauerhaftigkeit.

Motive sind also richtungsweisende und antreibende psychische Kräfte, die Handlungen nach sich ziehen. Sie sind der Motor, der zum Zweck unseres Tuns führt. Ganz allgemein lassen sich hinsichtlich einer Motivation drei Komponenten unterscheiden:

- Zunächst sind es unsere bewussten Ziele und Wünsche, mit deren Verwirklichung wir bestimmte Vorstellungen verbinden – und dies sind *immer* angenehme, lockende Vorstellungen, sonst würden wir uns nicht in Bewegung setzen.
- Die zweite Komponente sind die Fähigkeiten, die wir für eine Aufgabe mitbringen – unsere Talente und Stärken. Wenn wir uns etwas zutrauen, werden wir eher aktiv, als wenn wir an unseren Fähigkeiten zweifeln.
- Darüber hinaus spielen auch – bewusste und unbewusste – Grundmotive eine große Rolle, Motive, die tief in unserer persönlichen Gefühlswelt verankert sind, wie das Streben nach Leistung, nach Freundschaft oder nach Macht – was wiederum mit unseren persönlichen Werten, unseren inneren Leitsternen im Zusammenhang steht.

Wenn alle diese Komponenten im Einklang sind – ein lockendes Ziel, die dafür erforderlichen Fähigkeiten und ein starkes, unseren

Werten entsprechendes Grundmotiv –, arbeiten wir konzentriert und sind hoch motiviert und mit Freude bei der Sache. Fehlt jedoch eine der Komponenten, ist Kompensation durch Willenskraft und Selbstkontrolle erforderlich, die dann oft nicht lange vorhalten. Mehr noch als das ins Auge gefasste Ziel und die Einschätzung der eigenen Fähigkeiten motivieren uns unsere Grundmotive. Sie sind sozusagen der Ton, der die Musik macht. Es lohnt daher, die drei dominantesten – Leistung, Macht und Freundschaft – etwas näher zu betrachten.

Das Leistungsmotiv: Wenn Sie über ein ausgeprägtes Leistungsmotiv verfügen, macht es Ihnen Spaß, Leistungen um ihrer selbst willen zu erbringen. Dieses Motiv hat eine große Bedeutung für selbstständig Tätige und für das (Top-)Management. Als überwiegend leistungsmotivierter Mensch finden Sie Ihre Erfüllung darin, ein großes Projekt zielstrebig zu bearbeiten und zu vollenden.

Das Freundschaftsmotiv: Wenn für Sie das Freundschaftsmotiv im Vordergrund steht, suchen Sie nach engen Beziehungen und schätzen es, beliebt und anerkannt zu sein, sich mit anderen verbunden zu fühlen und von ihnen Wertschätzung zu erfahren. Ihre Arbeitskollegen sind dann beispielsweise für Sie ein sehr wichtiger Bestandteil Ihrer Lebenswelt. Sie ziehen das Arbeiten in einer Gruppe der individuellen Arbeit vor. Wenn Ihr Freundschaftsmotiv hoch ist, dann sind Sie als Freund/in oder Mitarbeiter/in sehr loyal und haben ein ausgeprägtes Zugehörigkeitsgefühl.

Das Machtmotiv: Wenn für Sie das Machtmotiv ein starker Antrieb ist, dann fühlen Sie sich dazu berufen, andere Menschen, aber auch Ressourcen wie Materialien oder Geld zu kontrollieren. Dem Machtmotiv liegt das Streben nach Gefühlen der Stärke, Überlegenheit und Wichtigkeit zugrunde. Sie überlegen häufig und mit hohem Zeitaufwand, wie sie das Denken und das Verhalten anderer beeinflussen und verändern können. Vielleicht verleihen Sie Ihrem Machtbedürfnis auch dadurch Ausdruck, dass Sie eine wichtige gesellschaftliche Position einnehmen oder sich zu einer einflussreichen Persönlichkeit entwickeln. Jedoch: Nicht die tatsächliche Macht, sondern vielmehr das Gefühl der Macht und der Stärke bildet das Wesen des Machtmotivs.

Sind Sie fluchtmotiviert oder zielmotiviert?

Jeder von uns kennt beide Bestrebungen. Manchmal wollen wir unbedingt von etwas weg und wissen genau, was wir nicht oder nicht mehr wollen, was uns unangenehm, öde, nervtötend oder unerträglich erscheint. Manchmal gibt es etwas, was wir unbedingt haben oder erreichen wollen, dann sind wir bereit, viel Zeit und Energie dafür aufzuwenden.

Wenn wir fluchtmotiviert sind, fliehen wir vor den negativen Gefühlen, die mit dem Unangenehmen verbunden sind. Nur weil es negative Konsequenzen hätte, es zu unterlassen, tun wir das Unangenehme überhaupt. Wenn Sie vorrangig fluchtmotiviert sind, fällt es Ihnen meist schwer zu benennen, was genau Sie anstreben. »*Alles, bloß das nicht mehr*« enthält keine Richtungsangabe. Auf die Frage zu antworten, was sie *nicht* wollen, fällt Ihnen hingegen leicht und Sie können das auch detailliert beschreiben. Der Moment, wo Sie dann sagen: »Jetzt ist Schluss, so kann's nicht weitergehen«, motiviert dazu, dass Sie das Ruder herumreißen und einen anderen Weg einschlagen.

Die »Weg von«-Motivation hat jedoch auch Nachteile: Während Sie in der Phase, in der Sie die derzeitige Lage unerträglich finden, viel Energie zur Veränderung haben, erlahmen die Kräfte, sobald die Verhältnisse wieder halbwegs akzeptabel sind.

Hier hat die zielmotivierte Einstellung einen großen Vorteil: Das Energielevel steigt, je näher Sie dem Ziel sind, das die Triebfeder Ihrer Motivation ist. Sie sehen klar, was Sie erreichen wollen, und Sie haben eine konkrete Vorstellung davon, wie Sie vorgehen wollen. Das heißt noch nicht, dass Sie Ihr Ziel erreichen werden, aber Sie haben eine Vorstellung vom Zielzustand und vom Weg dahin. Die Gedanken daran, wie es sein wird, wenn Sie Ihr Ziel erreicht haben werden, helfen Ihnen, auch bei Durststrecken oder Rückschritten durchzuhalten.

Impuls 21:
Weg von – hin zu

Wenn Sie die Flucht-Motivation nutzen und mit wirksamen Ziel-Motivationen verbinden, geht Ihnen bei der Umsetzung eines Vorhabens nicht auf halbem Weg die Luft aus, sondern Sie entwickeln einen langen Atem.

- *Nehmen Sie ein Blatt Papier zur Hand und teilen Sie es in zwei Spalten auf.*
- *Wählen Sie für die linke Spalte die Überschrift »Das will ich nicht mehr« und listen Sie darunter auf, was sie nicht mehr wollen, was Sie nervt, was Sie abschaffen wollen. Schreiben Sie einfach drauflos, nennen Sie wichtige Dinge genauso wie unwichtige. Es können auch »Kleinigkeiten« dabei sein.*
- *Wählen Sie dann für die rechte Spalte die Überschrift »Das will ich stattdessen«.*

- Nehmen Sie sich dann nacheinander jeden einzelnen Punkt aus Ihrer linken Spalte vor und finden Sie eine positive Alternative. Beschreiben Sie möglichst klar und anschaulich, was Sie jeweils stattdessen wollen.
- Wählen Sie einen der aufgelisteten Punkte aus und stellen Sie sich das, was Sie anstelle des Bisherigen konkret anstreben, bildlich vor. Erleben Sie in der Phantasie, wie es sein wird, wenn Sie es erreicht haben werden. Beziehen Sie Ihre Sinne in Ihre Vorstellung mit ein: Wie ist Ihre Umgebung beschaffen? Was sehen Sie, was hören Sie, was spüren Sie?
- Überlegen Sie sich dann, welche Schritte für diese Veränderung erforderlich sind, und setzen Sie den allerersten davon möglichst bald um.

Wenn Sie Ihre Motivation analysieren, sollten Sie auch überlegen, ob Sie intrinsisch oder extrinsisch motiviert sind. Die Einteilung in die Kategorien intrinsisch und extrinsisch, so wie sie die beiden Psychologen Edward L. Deci und Richard M. Ryan (Universität Rochester) verstehen, beinhaltet folgende Aspekte :

Intrinsische Motivation	Extrinsische Motivation
Selbstbestimmt	Von den Erwartungen anderer gesteuert
Intrinsisch motiviertes Verhalten gilt als Prototyp der Selbstbestimmung. Das Handeln stimmt mit der eigenen Auffassung, eigenen Werten und Vorstellungen überein. Man ist bestrebt, eine Sache voll und ganz zu beherrschen.	Extrinsisch motiviertes Verhalten tritt in der Regel nicht spontan auf, sondern wird durch Aufforderungen in Gang gesetzt, deren Befolgung Anerkennung erwarten lässt, oder die auf andere Weise instrumentelle Funktion besitzen, wie Ranglisten oder Noten.

Handlungen sind geprägt von Neugier, Spontaneität, Exploration und Interesse an den unmittelbaren Gegebenheiten der Umwelt.	Handlungen werden durchgeführt, um positive Konsequenzen zu erzielen oder negativen Konsequenzen zu entgehen. Sie zielen auf Sicherheit, Belohnungen und Anerkennung durch andere.
Handlungen sind interessenbestimmt und benötigen keine externen Anstöße wie beispielsweise Versprechungen oder Drohungen.	Handlungen sind Reaktionen auf die Erwartungen anderer und deren bestmögliche Erfüllung.

Interessant ist, dass die intrinsische Motivation nicht steigt, sondern abnimmt, wenn man Versuchspersonen extrinsische Belohnungen wie Geld, eine Beförderung oder eine Auszeichnung für eine ursprünglich intrinsisch motivierte Aktivität in Aussicht stellt.

Wenn Sie intrinsisch motiviert sind, tun Sie die Dinge um ihrer selbst willen und richten sich zunächst nach Ihren eigenen Prioritäten und Vorlieben. Erst in einem zweiten Schritt wägen Sie diese persönlichen Prioritäten gegen Anforderungen, Wünsche und Bedürfnisse anderer ab. Vorrangig werden Sie von Ihrer Neugier angetrieben und davon, sich auszuprobieren, Erfahrungen zu machen und dazuzulernen.

Sind Sie eher extrinsisch motiviert, dann richten Sie sich in dem, was Sie tun, eher nach den Forderungen und Bedürfnissen Ihrer Umwelt. Sie tun Dinge vorrangig, weil Sie dafür etwas bekommen, was Sie für den Aufwand »entschädigt«.

Überwiegend extrinsisch motivierte Menschen tun sich im Vergleich zu intrinsisch motivierten schwerer damit, sich abzugrenzen und konsequent Nein zu sagen.

Impuls 22:
Intrinsisch oder extrinsisch motiviert?

Nehmen Sie sich etwa zehn Minuten Zeit und notieren Sie die typischen Tätigkeiten einer Woche. Gehen Sie im Geiste Tag für Tag durch, Berufliches ebenso wie Privates, Wichtiges ebenso wie Banales. Listen Sie einfach alles untereinander auf.

Wenn Sie den Eindruck haben, alles erfasst zu haben, dann gehen Sie anhand der obigen Tabelle (intrinsische Motivation – extrinsische Motivation) die Liste Punkt für Punkt durch.

Markieren Sie die Tätigkeiten, die Sie im intrinsischen Sinne um ihrer selbst willen tun – einfach, weil Sie mit Freude bei der Sache sind – mit einem Sternchen. Die Tätigkeiten, die Sie nur aufgrund der zu erwartenden Belohnung (Geld, Anerkennung etc.) oder zur Vermeidung negativer Konsequenzen durchführen, markieren Sie mit einem Pfeil.

Zählen Sie dann jeweils die Sternchen und die Pfeile zusammen. Was überwiegt?

Je mehr Pfeile, desto mehr Fremdbestimmung – auch wenn Sie beispielsweise mit dem Geld, das Sie mit einer ungeliebten Tätigkeit verdienen, wiederum Dinge kaufen können, über deren Besitz Sie sich dann freuen. Wenn die extrinsische Motivation die intrinsische deutlich überwiegt, fühlen sich die betroffenen Personen oft regelrecht in die täglichen Pflichten eingeschnürt. Es bleibt dann kaum mehr Zeit für sich selbst: für die spielerische Entfaltung der Kreativität, Entspannung, Weiterentwicklung von Wissen und Können, Freude und Genuss am eigenen Tun und an Aktivitäten mit anderen.

Wer dagegen mehr intrinsisch motiviert ist, hat weniger Probleme damit, Grenzen zu ziehen und eigenen Bedürfnissen und Interessen genug Raum zu geben. Diese Personen wägen sorgfältig ab, welchen Bedürfnissen und Anfragen von anderen entsprochen werden sollte. Sie brauchen für ihre Arbeit deutlich weniger Energie, weil sie sie gerne tun.

Wenn Sie also feststellen, dass Sie allzu oft nur extrinsisch motiviert sind, dann gehen Sie gezielt daran, mehr Selbstbestimmung in Ihr Leben zu bringen. Achten Sie bei Ihrer Zielsetzung mehr auf Ihre persönlichen Bedürfnisse. Gehen Sie die Liste Ihrer Tätigkeiten noch einmal durch und überlegen Sie, was aus der »Pfeile«-Abteilung Sie künftig delegieren oder streichen könnten. Fragen Sie sich, was Sie in der frei werdenden Zeit tun könnten – vorzugsweise Dinge, die der »Sterne«-Abteilung zugehörig sind.

Bei Tätigkeiten, die wir überwiegend intrinsisch motiviert durchführen, entwickeln wir ein hohes Durchhaltevermögen, denn die Tätigkeit wird ja aus sich selbst heraus als belohnend erlebt. So trainieren wir diese Tätigkeiten ausdauernd und werden besser und besser darin – egal ob es sich um Sport, Klavierspielen oder die Handhabung eines Computerprogrammes handelt. Uns selbst als selbstbestimmt und kompetent zu erleben, ist uns dann wiederum eine Quelle der Freude. Es entsteht also eine positive Spirale: Weil wir das, was wir tun, mögen, fühlen wir uns gut. Weil wir als Quelle des guten Gefühls unser Tun erleben, machen wir weiter.

Der amerikanische Bestsellerautor Stephen King antwortete auf die Frage, was ihn denn motiviere, Bücher zu schreiben, 2013 in Hamburg ganz schlicht: »I like it. I have a lot of fun.« Einfacher und klarer lässt sich das Prinzip der intrinsischen Motivation wohl kaum formulieren.

Das Geheimnis des Flow

Die Theorie des Flow-Erlebens nach dem amerikanischen Psychologen und Motivationsforscher Mihály Csíkszentmihályi beschreibt eine besondere Variante intrinsischer Motivation, nämlich einen Zustand, in dem wir uns so intensiv auf eine Tätigkeit konzentrieren, dass wir die Umgebung nicht mehr wahrnehmen. Unser Denken, Fühlen und Wollen sind in solchen Augenblicken völlig im Einklang miteinander. Csíkszentmihályi hatte es sich in seinen Studien zum Ziel gesetzt herauszufinden, was genau Menschen dazu befähigt, sich in dieser selbstvergessenen Weise in eine Tätigkeit zu vertiefen. Unter anderem beobachtete er dabei Schachspieler, Sportler und Künstler, die in ihrer Hingabe an das Tun herausragende Leistungen erbrachten, ohne dass ihnen dies besondere Anstrengungen abverlangte. Vielmehr schien ihnen das, was sie gerade taten, ganz mühelos von der Hand zu gehen. Allen gemein war, dass sie dabei Raum und Zeit völlig vergessen hatten.

Im konzentrierten Tun sind wir ganz im Hier und Jetzt und denken weder an Vergangenes noch an Zukünftiges. Das ist ein guter Nährboden für Glücksgefühle. So verbrachte Zeit erscheint im Erleben kurz, in der Erinnerung hingegen lang – darin zeigt sich die Fülle. Bei Langeweile verhält es sich umgekehrt: Sie will im Erleben nicht enden und kommt uns in der Erinnerung nur sehr kurz vor.

»Durch die Leidenschaft lebt der Mensch;
durch die Vernunft existiert er bloß.«

Nicolas Sébastien Chamfort

Csíkszentmihályi nannte dieses Phänomen »Flow« (= Fließen), und er stellte auch fest, dass Flow-Zustände sich häufig eher im Arbeitsleben als in der Freizeit ereignen – es sei denn, man ist nach Feierabend, am Wochenende oder im Urlaub aktiv in Tätigkeiten, die einem Spaß machen und auf die man sich voll konzentriert: in einem Chor singen, Ski fahren, fotografieren. Eher passive Erholungsstrategien wie schlafen, am Strand liegen, fernsehen oder das Betrachten des Sonnenuntergangs helfen sicher dabei, Abstand zur Arbeit zu schaffen, erzeugen aber keinen Flow.

Flow ist an Aktivität gekoppelt. Wie neuere Studien zeigten, ist der Flow-Zustand oft auch mit einem erhöhten Stresslevel und einer hohen mentalen Belastung verbunden – auch wenn man dies im Moment des Erlebens meist nicht so empfindet. Wir erleben dann vielmehr ein Gefühl tiefer Befriedigung, wenn wir ganz in einer Tätigkeit aufgehen, egal ob es sich dabei um eine geistige oder manuelle Aufgabe handelt.

Immer dann, wenn die Anforderungen an eine Tätigkeit einerseits und unsere Fähigkeiten andererseits einander optimal entsprechen, erleben wir Flow. Wir können uns gut konzentrieren, fühlen uns wohl und haben ein starkes Gefühl der Kontrolle über den Verlauf der Tätigkeit. Optimale Leistung erbringen wir also, wenn Können und Herausforderung im Gleichgewicht sind. Sind die Anforderungen zu niedrig, empfinden wir Langeweile, übersteigen sie unsere Fähigkeiten, sind wir frustriert und fühlen uns überfordert.

Impuls 23:
Wann erleben Sie Flow?

Kennen Sie Flow-Zustände in Ihrem Alltag? Sind sie eher häufig oder eher selten? Beobachten Sie in den nächsten beiden Wochen genau, was Sie tun und wie Sie sich dabei fühlen. Notieren Sie diejenigen Situationen, in denen die Zeit wie im Flug vergeht – das kann bei der Arbeit passieren, aber auch bei einem Hobby oder bei Aktivitäten mit Freunden oder der Familie.

Fragen Sie sich, was diese Situationen und Tätigkeiten miteinander gemein haben? Gibt es bestimmte Auslöser? Hängt es stark von Ihrer Tagesform ab, ob Sie Flow erleben oder nicht? Oder ist es eher so, dass bestimmte Aktivitäten, es Ihnen ermöglichen, alles andere außer Acht zu lassen?

Finden Sie heraus, was Ihnen besonders leicht von der Hand geht, bei welchen Tätigkeiten Sie sich besonders wohlfühlen. Mehr und mehr werden Sie erkennen, was genau Sie brauchen, um mehr Flow in Ihr Leben zu bringen.

Für das Erleben von Flow eignen sich vor allem Tätigkeiten, die wir im weitesten Sinne als schöpferisch und kreativ bezeichnen können, beispielsweise Malen, Zeichnen, Gestalten, kreatives Schreiben, Musizieren, Handwerken oder Basteln, Tanzen, Singen. Ob Sie nun einen Garten kreativ gestalten, in einem Chor singen oder Stoffpuppen für einen Basar herstellen – probieren Sie einfach Verschiedenes aus. Nicht indem Sie dies mit einem Leistungsanspruch verknüpfen, sondern mit der Idee, diese Tätigkeit zu erkunden, sie wieder und wieder auszuführen und sich selbst – alleine oder mit anderen – im aktiven Tun zu erleben.

Vielleicht erschließen sich Ihnen auch Möglichkeiten, in Ihrem Job mehr Flow zu erleben. Wie könnten Sie beispielsweise ihre Stärken (S. 94f.) mehr in Ihre beruflichen Tätigkeiten einbringen? Was ließe sich an Ihrem Arbeitsplatz verändern, um mehr Flow im täglichen Tun zu erleben? Welche kleinen und größeren Ziele könnten Sie sich setzen, um mehr Selbstwirksamkeit zu erleben? Wie sehen Ihre Wunschtätigkeiten aus, womit wollen Sie sich häufiger als bisher beschäftigen? Haben Sie den Eindruck, dass Ihre Arbeit für Sie selbst und für andere sinnvoll ist? Was ließe sich verändern, damit dieser Eindruck von Sinn (noch) stärker wird? Käme vielleicht auch eine ehrenamtliche Tätigkeit für Sie infrage, beispielsweise ein Engagement für ein ökologisches, pädagogisches oder soziales Projekt? (Seite 198ff.) Oder ein künstlerisches oder handwerkliches Hobby, dem Sie gern mehr Zeit widmen würden? Sammeln Sie verschiedene Ideen und experimentieren Sie.

Neugier und Wissensdurst schaffen neue Erfahrungen

Neugier ist eine ausgesprochen positive Eigenschaft, denn sie fördert die Persönlichkeitsentwicklung und das soziale Miteinander. Wie die Psychologen Todd D. Kashdan und Paul Rose der Universität in Buffalo (USA) herausfanden, ist Neugier eine wesentliche Eigenschaft beim Aufbau sozialer Kontakte und eine wichtige Voraussetzung für Lernen, neue Erfahrungen und Erkenntnisse.

Menschen mit viel Neugier und Wissbegier haben ein ausgeprägtes Interesse an ihrer Umgebung. Sie zeigen sich offen und flexibel für neue Informationen und Zusammenhänge. Abwechslung und Herausforderungen im Alltag irritieren sie nicht, sondern sie bemühen sich aktiv darum, Ungewohntes kennenzulernen und neue Erfahrungen zu machen.

Die Neugier kann sich auf einen spezifischen Bereich konzentrieren (z. B. Interesse an Geschichte, am Tagesgeschehen, an Kunst, Mode, Surfen im Internet usw.) oder sie kann sich als generelles Interesse an unterschiedlichsten Dingen zeigen. Während Menschen mit einer schwach ausgeprägten Neugier eher behäbig, teilnahmslos und schwer motivierbar wirken, zeichnen sich Neugierige durch die Begeisterung für das Aufnehmen neuer Wissensinhalte, das Erkennen von Zusammenhängen und das Lernen neuer Fertigkeiten aus. Sie lieben es, zu kombinieren und dazuzulernen und sind bemüht, ihr Wissen und Können stetig weiterzuentwickeln.

» Wenn die Neugier sich auf ernsthafte Dinge richtet,
dann nennt man sie Wissensdrang.«
Marie von Ebner-Eschenbach

Wissbegierde zeigt sich in dem Wunsch, immer mehr über das Leben und die Welt zu erfahren. Wer den Drang des Wissen-Wollens nur in geringem Maß verspürt, begnügt sich mit den Informationen, die er hat, und befasst sich nur widerwillig mit neuen Wissensbereichen und Inhalten.

Forschungsarbeiten der Neurowissenschaftler Michael Cohen und Bernd Weber von der Universität Bonn zeigen, dass neugierige Menschen über eine besonders gute Verdrahtung zweier bestimmter Hirnzentren verfügen, nämlich dem Belohnungszentrum (Striatum) und dem Gedächtniszentrum (Hippocampus). Stuft das Gedächtniszentrum eine Erfahrung als neu ein, dann schickt es ein entsprechendes Signal an das Belohnungszentrum, wo sofort Botenstoffe freigesetzt werden, die für positive Gefühle sorgen. Sobald wir neue Informationen aufnehmen, die wir als bedeutsam einschätzen, oder einen ganz neu in Erfahrung gebrachten Zusammenhang tatsächlich verstehen, werden körpereigene Opiate wirksam, die uns Glücksgefühle bescheren. Das Verlangen danach, dieses Hochgefühl zu spüren, motiviert uns dann immer wieder, bislang Unbekanntes näher zu erforschen. Bei Menschen, die große Angst davor haben, Fehler zu machen, sind Neugier und Entdeckungslust gebremst.

Wissenschaftler gehen davon aus, dass das Bedürfnis nach Neuem und die Lust am spielerischen Lernen Teil unserer angeborenen Überlebensstrategien sind. Lernen ist ein vielschichtiger Prozess, bei dem eine Vielfalt unterschiedlicher Informationen über unsere Sinne aufgenommen, verarbeitet, abgespeichert und dann wieder abgerufen und verwendet wird.

Wie stark Neugier und Wissbegierde beim Erwachsenen ausgebildet sind, hängt jedoch davon ab, wie sehr er diese Wesenszüge als Kind, als Jugendlicher und im Laufe seines weiteren Lebens hat weiterentwickeln können, welche Erfahrungen er mit Lernen und Begreifen macht.

»Ich habe keine besondere Begabung,
sondern bin nur leidenschaftlich neugierig.«

Albert Einstein

Ganz folgerichtig ist Neugier auch eng mit der Fähigkeit verbunden, kreativ zu sein. Wer wenig Interesse an seiner Umgebung hat und sich mit dem arrangiert, was er kennt, kann und weiß, fühlt sich nicht bemüßigt, »einfach so« neue Wege zu gehen. Warum sollte er? Läuft doch alles bestens in der persönlichen Komfortzone. Er würde sich nur dann in Bewegung setzen, wenn die gewohnte Routine durch unvorhergesehene Störungen erschüttert wird.

Ganz anders der Neugierige. Er probiert vieles aus, einfach weil es ihm Spaß macht, unbekanntes Terrain zu erkunden. Dabei erlebt er, dass er durch jede Erfahrung dazulernt und seinen Horizont erweitert. Es sammelt sich so viel unterschiedliches Wissen, und die Wahrscheinlichkeit steigt, dass es »klick« macht, Erfahrungen aus verschiedensten Bereichen sich zusammenschließen und daraus eine neue Idee entsteht. Viele Erfindungen sind zustande gekommen, weil die Neugier vorher dafür gesorgt hat, dass viele Dinge erkundet und verstanden wurden.

Als Kinder waren wir alle ungemein wissbegierig, begeisterungsfähig und aufgeschlossen für alles Neue, was es zu erleben gab. Die Fähigkeit, ständig hinzuzulernen, bringen Kinder mit auf die Welt, und nicht nur das, sondern auch die Lust daran, neue Erfahrungen zu machen. Im späteren Leben, wenn die Welt immer »bekannter« zu werden scheint, lässt diese Entdeckungslust meist deutlich nach – das Leben wird einförmiger, vorhersehbarer, vielfach auch »verplanter«.

Wir nehmen nie alles wahr, was es in unserer Umgebung zu sehen, zu hören, zu spüren, zu riechen oder zu schmecken gibt, sondern nur das, was zu unseren Vorstellungen und Erwartungen, also zu unseren bisher gemachten Erfahrungen passt. Trotzdem muss die Lust an neuen Erfahrungen nicht versiegen. Neugier und Entdeckungslust lassen sich gezielt aktivieren. »Der Appetit kommt beim Essen«, sagt schon der Volksmund.

Richten wir den Blick aufmerksam auf etwas und betrachten es, als sähen wir es das erste Mal, entstehen Neugier und Interesse.

Unsere Erlebnisse versuchen wir dann in ihrer Ganzheit zu erfassen.

Suchen wir etwas, das uns fasziniert und worüber wir mehr herausfinden wollen, keimen Anspannung und Erregung auf, eine Vorfreude auf das zu Entdeckende. Die neuen Erkenntnisse lösen diese Anspannung auf und das Durcheinander verschiedener Informationen fügt sich zu einer neuen, umfassenderen Ordnung. Wir begreifen die Zusammenhänge und und haben unser Weltbild um ein kleines Stück erweitert. Dies löst Zufriedenheit und Wohlbehagen aus. Dieses Gefühl von Glück und Entdeckungslust wird im Gehirn maßgeblich durch die Ausschüttung von Dopamin hervorgerufen. Ohne Dopamin und die dadurch ausgelösten Glücksgefühle würden wir nicht so gerne etwas dazulernen, denn ohne die Lust dazu fallen Entdecken und Lernen schwer. Positive Gefühle dagegen erleichtern das Lernen und bringen uns auch dazu, Regelmäßigkeiten in dem, womit wir uns beschäftigen, zu erkennen und Gelerntes besser im Gedächtnis zu verankern. Dadurch wird auch die Entstehung neuer Verknüpfungen im Gehirn gefördert.

Je größer unser ursprüngliches »Jagdfieber« war, desto stärker sind dann Freude und Genugtuung, wenn nun wieder alles »passt«. Aufgrund dieser Lust am Entdecken und des nachfolgenden Gefühls von Behagen und Zufriedenheit steigt wiederum unsere Lust, uns erneut auf eine Suche zu machen. Wenn wir uns darauf einlassen, trainieren wir damit ganz nebenbei, aus dem »Selbstregulationsmodus« immer weiter auszusteigen. Wir erwecken unsere forschende, kreative, spielerische Seite und verlassen nach und nach unsere wohlbekannten Pfade und Gewohnheiten. Kreativität ist eng an Neugier und Entdeckungslust gekoppelt.

Impuls 24:
Fördert Ihre Arbeit ein positives Lebensgefühl?

*Stellen Sie sich die nachfolgenden Fragen, um sich ein klareres Bild
vom Zusammenhang zwischen Ihrer Arbeit – Ihren Arbeitsbedingungen, Ihren konkreten Aufgabenstellungen, Ihrer Arbeitsumge-
bung – und Ihrem Befinden zu machen. Welche der folgenden
Aussagen treffen auf Sie zu? Schätzen Sie den Grad der Zustim-
mung/Ablehnung spontan auf einer Skala von 1 bis 10 ein (1 = trifft
gar nicht/nie zu, 10 = trifft immer zu).*

- *Ich gehe gern zur Arbeit.*
- *In meinem Aufgabenfeld gibt es viele interessante Aufgaben, die
  ich als Herausforderung empfinde.*
- *Ich habe genügend Energie zum Durchführen und Abschließen
  meiner Aufgaben.*
- *Ich habe ein gutes Verhältnis zu den meisten meiner Arbeitskol-
  leginnen und -kollegen.*
- *Ich erreiche, was ich mir vorgenommen habe.*
- *Meine Chefin/mein Chef bringt mir Wertschätzung/Anerken-
  nung entgegen.*
- *Ich erlebe, dass die Arbeitszeit wie im Flug vergeht.*

Je höher Ihre Werte auf der Skala sind, desto höher ist auch Ihre
Arbeitszufriedenheit. Betrachten Sie diejenigen Punkte, bei de-
nen Sie Werte unterhalb einer gefühlten 6 auf der Skala haben,
und fragen Sie sich, was Sie selbst tun können, um hier etwas zum
Positiven zu verändern. Was wäre ein sinnvoller Schritt, um den
Wert auf der Skala um nur einen Punkt zu erhöhen? Schreiben

Sie alles auf, was Ihnen einfällt – und experimentieren Sie damit, die Ideen umzusetzen. Beginnen Sie mit den einfachsten Schritten.

Wenn Sie bei den meisten Punkten unterhalb der 6 liegen, sollten Sie sich fragen, ob Ihre momentane Beschäftigung wirklich das Richtige für Sie ist oder ob es nicht andere Möglichkeiten gibt, wie Sie Ihre persönlichen Stärken befriedigender einsetzen könnten.

Kreativität als innere Haltung

Kreativ zu sein heißt, einen anderen als den gewohnten Blickwinkel zu wählen und ungewöhnliche Zusammenhänge herzustellen, also Dinge auf eine unübliche Art und Weise zueinander in Beziehung zu setzen. Je offener und aufgeschlossener wir neuen Eindrücken gegenüber sind, desto leichter fällt es uns, uns neue Sichtweisen anzueignen, zu integrieren und aktiv damit zu arbeiten. Egal ob Kunstwerke, Mode, Erfindungen – alles beruht darauf, sich neugierig mit der Umgebung zu beschäftigen, Erfahrungen zu sammeln und irgendwann aus dem inneren Fundus des Wissens und Könnens eigene Schlüsse zu ziehen und Neues hervorzubringen. Wer kreativ denkt, hat Spaß daran, originelle Ideen zu entwickeln, und zeigt gerne ungewöhnliche Lösungswege für Probleme auf. Oftmals wissen Kreative gar nicht genau, woher sie ihre Einfälle nehmen und wie sie zu ihren Geistesblitzen kommen. Vielmehr scheint es so, als seien ihre Inspirationen ihnen »einfach so zugeflogen« oder »einfach aus dem Bauch heraus gekommen«.

*»Das Leben ist nicht so, wie es sein soll. Es ist so, wie es ist.
Entscheidend ist, was wir daraus machen.«*

Virginia Satir

Kreative Geistesblitze stellen sich oft unerwartet ein, etwa unter
der Dusche, in der U-Bahn, beim Aufräumen oder beim Enten-
füttern im Park. Dass uns gute Einfälle gerade dann kommen,
wenn wir sie nicht erwarten und wenn wir über nichts Spezielles
nachdenken, ist nicht weiter verwunderlich. In solchen Augenblicken sind wir besonders entspannt und unsere Gedanken können frei und ungehindert umherschweifen. Gerade dann kommen uns die ungewöhnlichsten Einfälle und Erkenntnisse und
motivieren uns zum Tun.

Kreativität bezieht sich also keineswegs nur auf Kunst oder Erfindungen, sondern der Begriff beschreibt einfach die Fähigkeit,
für jeden Bereich des Lebens neue Ideen zu entwickeln. Dabei
können kreative Lösungen nicht dadurch erzwungen werden,
dass wir unser Hirn besonders anstrengen. Vielmehr gilt es, die
Gedanken treiben zu lassen, abzuschalten und Alltägliches loszulassen. Außerdem sollten wir uns auf Ungewohntes einlassen, sodass der Geist offen für neue Einfälle wird. So können dann Denken und Fühlen, Logik und Intuition gut zusammenwirken.

Impuls 25:
Neue Wege

*Wenn Sie Ihre Aufgeschlossenheit für Neues trainieren, mehr
spielerische Elemente und mehr Unbeschwertheit in Ihren Alltag
bringen wollen, probieren Sie doch einmal Folgendes aus: Unter-*

nehmen Sie wenigstens einmal am Tag etwas, was Sie normalerweise so nicht getan hätten:

- *Entscheiden Sie aus dem Augenblick heraus, einen anderen Weg
  als sonst zu nehmen.*
- *Rufen Sie ohne besonderen Grund jemanden an, mit dem Sie
  schon lange nicht mehr gesprochen haben.*
- *Gehen Sie ins Kino und sehen Sie sich den Film an, dessen
  Beschreibung oder Plakat in Ihnen eine Resonanz hervorruft –
  Sie besonders berührt oder besonders befremdet.*
- *Sprechen Sie eine unbekannte Person an.*
- *Fahren Sie mit der U-Bahn oder mit dem Bus bis zur Endstation
  und gehen Sie dort eine halbe Stunde spazieren. Seien Sie offen
  für alles, was Ihnen begegnet.*
- *Besuchen Sie eine Ausstellung, zu der Sie sonst nicht gegangen
  wären. Schließen Sie sich einer Führung an und hören Sie
  aufmerksam zu.*
- *Bestellen Sie im Restaurant ein Gericht, das Sie noch nie geges-
  sen haben.*
- *Gehen Sie irgendwohin, wo Sie noch niemals zuvor waren.
  Schreiben Sie am Endpunkt Ihrer Erkundung ein Gedicht über
  das, was Sie gerade umgibt.*
- *Gehen Sie in ein Kaufhaus, eine Boutique oder ein Bekleidungs-
  fachgeschäft und hüllen Sie sich dort in ein Outfit, das im
  Gegensatz zu Ihrem gewohnten Kleidungsstil steht. Betrachten
  Sie sich im Spiegel und registrieren Sie Ihre Eindrücke und
  Gefühle dabei.*
- *Kaufen Sie sich eine Leinwand, Pinsel und Acrylfarben in drei
  Farbtönen Ihrer Wahl. Bringen Sie die Farben auf die Leinwand*

und bilden Sie Mischtöne, indem Sie die Farben verstreichen.
Folgen Sie dabei spontanen Eingebungen.

Dies sind nur einige wenige Anregungen – wahrscheinlich haben Sie
selbst noch viele weitere Ideen, wie Sie größere Neugier und mehr
Spielerisches in Ihr Leben bringen können.
Experimentieren Sie damit und halten Sie Ihre Eindrücke und
Erkenntnisse schriftlich fest.

Mit den Impulsen in diesem Buch zu arbeiten ist wie eine Auf-
wärmübung im Sport. Wer Offenheit für neue Erfahrungen im
Kleinen trainiert, wird unwillkürlich auch bei wesentlicheren
Fragestellungen neue Wege erkunden, statt einfach nach Schema
F vorzugehen. Gelegenheiten dazu gibt es viele. Wenn wir kreativ
und offen für neues Wissen sind, belebt dies sowohl unsere Freizeit als auch unseren Arbeitsalltag.

Unsere Arbeit ist schließlich die Aktivität, die uns zeitlich, physisch und emotional am meisten abverlangt. Daher beeinflussen
Zufriedenheit oder Unzufriedenheit im Job auch andere Bereiche
unseres Lebens nachhaltig. Dabei stellt sich die Frage, ob das Ar-
beitsengagement der Arbeitszufriedenheit folgt oder umgekehrt.
Engagieren wir uns, weil wir zufrieden sind, oder sind wir zufrieden, weil wir uns engagieren? Auch wenn nicht klar ist, was am
Anfang steht – die Zufriedenheit oder das Engagement –, sicher
ist, dass sich beides gegenseitig beeinflusst. So entsteht eine positive Spirale: Wer engagiert ist, stärkt seine Zufriedenheit, und wer
zufrieden ist, bringt sich mehr ein als der, der unzufrieden ist.

Auch deswegen ist es wichtig, eingefahrene Haltungen, Denk-
weisen und Überzeugungen zu verändern und nach neuen krea-

tiven Lösungen zur Gestaltung unserer Arbeit, unserer Lebenswelt und unserer Beziehungen zu suchen. So setzen wir immer
wieder positive Spiralen in Gang, die das Leben interessant und
spannend machen.

Ob unsere Arbeit uns glücklich und zufrieden stimmt, hängt
also davon ab, wie erfüllend und sinnstiftend wir unsere tagtägli-
chen Tätigkeiten erleben und wie viel schöpferische Kraft wir dabei einbringen können.

*»Das Hirn wird so, wie man es benutzt. Besonders wenn
ich etwas mit Begeisterung tue, werden neuroplastische
Botenstoffe ausgeschüttet und infolgedessen neue
synaptische Verschaltungen gebildet.«*

Prof. Gerald Hüther

Die Kunst, ganz da zu sein

Sind wir im Flow, also ganz in unser Tun versunken, müssen wir
uns nicht um Konzentration bemühen. Wir sind »intrinsisch motiviert«, voll und ganz dabei und achten nicht auf das Drumhe-
rum. In einem Flow-Erlebnis geht es mehr um die Freude an der
Aufgabe als um deren Bedeutung. Flow-Erlebnisse sind High-
lights; im ganz normalen Arbeitsalltag streben wir häufig an,
mehrere Aufgaben gleichzeitig vom Tisch zu kriegen, wollen so
effektiv und zeitsparend wie möglich arbeiten, um (noch) schneller mit allem fertig zu sein. Wozu? Sobald das eine vom Tisch ist,
wächst das Nächste nach. Und das Nächste, und das Nächste, und
das Nächste ... Oftmals erledigen wir Aufgaben auch einfach »ne-
benher«, ohne mit der Aufmerksamkeit wirklich dabei zu sein.

Viele dieser tagtäglich wiederkehrenden Dinge haben wir innerlich so automatisiert, dass sie fast schon von selbst zu laufen
scheinen. Dabei schweifen unsere Gedanken ab, verlieren sich in
Erinnerungen oder richten sich auf Zukünftiges, auf Probleme,
Sorgen oder Befürchtungen. Das kennt jeder und es ist auch ganz
natürlich – und trotzdem sind wir wacher, glücklicher, energie-
voller, wenn es uns gelingt, so oft wie möglich mit unserem Denken und Fühlen da zu sein, wo wir uns auch tatsächlich physisch
aufhalten: im Hier und Jetzt.

»Tue, was du tust.«

Aus dem Zen-Buddhismus

Achtsam sind wir *nicht*, wenn wir mehrere Dinge gleichzeitig oder
»per Autopilot« erledigen oder wenn eingeschliffene Gewohnheiten unser Verhalten steuern. Auch wenn sich unsere Gedanken nur
noch mit Zukünftigem, mit Plänen oder Befürchtungen beschäftigen oder wir über vergangene Geschehnisse grübeln, sind wir nicht
wirklich »da«, sondern vom gegenwärtigen Geschehen abgeschnit-
ten. Es rauscht an uns vorbei, ohne dass wir Notiz davon nehmen.
    Achtsamkeit holt uns zurück in den unmittelbaren Moment
des Erlebens, macht ihn deutlich und spürbar. Unsere Wahrnehmung wird nicht beeinträchtigt durch überbordende Gedanken-
ströme, Grübeleien oder Zukunftssorgen. Wir sind ganz da, ohne
etwas bewerten oder verändern zu wollen und ohne gleichzeitig
an etwas anderes zu denken. Dies beruhigt und stärkt innerlich.
Achtsamkeit macht uns die Tatsache bewusst, dass unser Leben
letztlich aus einer stetigen Folge von Augenblicken besteht.

Impuls 26:
Achtsamkeit im Tun

Achtsamkeitsübungen können Sie ganz einfach in Ihren Arbeitstag integrieren:

- *Wählen Sie aus den täglichen Abläufen zunächst eine Tätigkeit aus, die Sie normalerweise durchführen, ohne weiter darüber nachzudenken, wie ans Telefon gehen, eine E-Mail schreiben oder den Kopierer bedienen.*
- *Nun halten Sie einen Moment inne und machen Sie sich bereit dazu, das, was Sie tun wollen, mit konzentrierter Achtsamkeit auszuführen.*
- *Atmen Sie ganz ruhig ein und wieder aus.*
- *Tun Sie dann das, was Sie tun wollen, und konzentrieren Sie sich möglichst genau auf jeden Schritt des Ablaufs, beobachten Sie genau, was geschieht.*
- *Achten Sie dabei insbesondere auf Ihre sinnlichen Wahrnehmungen – darauf, was Sie sehen, was Sie hören, was Sie spüren (wenn Sie beispielsweise Papier in Händen halten oder ein Gerät bedienen), was Sie vielleicht auch riechen. Nehmen Sie einfach wahr, ohne inneren Begleitkommentar und ohne Wertung. Dann gehen Sie wieder zu Ihrem »Normalmodus« über.*

Wechseln Sie während des Tages mehrmals in diese achtsame, konzentrierte Aufmerksamkeit. Auf diese Weise können Sie sich mühelos während Ihrer Arbeit eine achtsame innere Haltung aufbauen und Ihre Fähigkeit, im Jetzt zu sein, stärken.

Achtsamkeit – die Konzentration auf den Augenblick – hilft nicht nur, Stress abzubauen, zu entschleunigen oder sogar Burn-out vorzubeugen, sondern trägt auch dazu bei, Sensibilität, Kreativität und Genussfähigkeit zu steigern. Viele solche Momente gewohnheitsmäßig in den Alltag zu integrieren, steigert die Lebensfreude.

Das konzentrierte, wertfreie Beobachten dessen, was gerade geschieht, und das bewusste Ausführen von Tätigkeiten ermöglichen es Ihnen, sich selbst und Ihre Umgebung genauer wahrzunehmen und besser zu verstehen. Wer häufig Achtsamkeit praktiziert, wird sich mehr und mehr der eigenen Gedanken, Gefühle und Empfindungen gewahr und stärkt seine Sensibilität für das, was um ihn herum passiert. Wenn Sie Ihre momentanen Tätigkeiten und auch die erfreulichen kleinen Vorkommnisse in Ihrer Arbeit intensiv wahrnehmen und genießen, steigern Sie Ihr Gefühl von Präsenz und Lebendigkeit. Langfristig fühlen Sie sich gelassener, entspannter und wohler in Ihrer Haut.

In der Studie »Ein Dienstag im Leben eines Aufblühenden« von Barbara Fredrikson und Lahnna Catalino wurde getestet, inwieweit die Konzentration auf Positives das Leben verändern und helfen kann, die individuellen Stärken zu entfalten und mehr Glücksgefühle im täglichen Leben zu empfinden. Die Probandinnen und Probanden waren 208 Berufstätige, durchschnittlich 42 Jahre alt.

Die beiden Psychologinnen unterteilten die Teilnehmenden in »Aufblühende«, »Nicht-Aufblühende« und »Depressive«. Alle zusammen wurden an einem Mittwoch gebeten, den vorangegangenen Dienstag ausführlich zu beschreiben: Womit hatten sie sich beschäftigt und welche Gefühle waren jeweils damit verbunden? Insbesondere wurden sie nach sechs bestimmten Aktivitäten befragt, die erfahrungsgemäß bei den meisten Menschen positive Gefühle hervorrufen:

1. Jemandem helfen, ihm etwas schenken, Zuspruch und Mitgefühl äußern, Unterstützung anbieten;
2. Mit anderen zusammen sein, mit Freunden, Nachbarn, Kollegen sprechen, etwas gemeinsam unternehmen, jemanden einladen;
3. Sich spielerisch mit etwas beschäftigen, einem Hobby nachgehen, dabei Raum und Zeit vergessen (Flow), spielerische Sportarten ausüben;
4. Neue Erkenntnisse gewinnen, neugierig sein, ein neues Kunstwerk oder eine neue Gegend kennenlernen, von Freunden oder Kollegen etwas Neues lernen;
5. Spiritualität: meditieren, beten, an religiösen Veranstaltungen teilnehmen, sich mit dem Lebenssinn beschäftigen;
6. Körperliche Ertüchtigung, wie etwa Kraft-, Fitness- oder Ausdauertraining.

Alle Probanden wurden zwei Monate nach diesem Dienstag noch einmal befragt, diesmal jedoch zum Thema Achtsamkeit. Sie sollten angeben, inwieweit es ihnen gelingt, den gegenwärtigen Moment aufmerksam zu erleben und das Erleben nicht zu bewerten, sondern einfach geschehen zu lassen. Dabei stellte sich heraus, dass Personen in der Kategorie Aufblühende viel stärker als Personen der anderen beiden Kategorien auf positive Aktivitäten ansprachen. Wenn sie jemanden bei etwas unterstützten, wenn sie mit anderen etwas unternahmen, wenn sie lernten, meditierten oder spielten, stieg ihr Pegel an Freude im Vergleich durchschnittlich doppelt so stark an. Die Leiterinnen des Experiments bezeichnen dieses Phänomen als »positive Gefühlsschübe« oder sprechen auch von einem »stärkeren positiven Reaktionsvermögen«.

Am meisten verblüfft jedoch, dass diese »Gefühlsschübe« an einem einzigen normalen Arbeitstag auch längerfristig zu mehr Achtsamkeit führten. Die »Aufblühenden«, die diese Gefühlsschübe erlebten, waren sich in der Folgezeit klarer darüber, was sie in verschiedenen Situationen spürten. Sie waren auch eher in der Lage, ärgerliche, selbstzweiflerische, traurige oder niederdrückende Gedanken und Gefühle vorüberziehen zu lassen. Mehr Klarheit über sich selbst, über andere und über die Situation zu haben, in der wir uns gerade befinden, stärkt wiederum die Fähigkeit zum selbstbestimmten, situationsgerechten Handeln. Dies hilft beispielsweise auch, Stressbelastungen am Arbeitsplatz deutlich zu verringern. Probanden, die solche positiven Gefühlsschübe nicht erlebt hatten oder die das Phänomen nicht kennen, konnten auch keinerlei Veränderungen hinsichtlich achtsamen Wahrnehmens feststellen.

Eine weitere Erkenntnis war, dass wohl eine Koppelung von vertiefter Achtsamkeit mit gesteigertem Wohlbefinden besteht. Jene, die ihre Achtsamkeit verbessert hatten, steigerten auch ihre Zufriedenheit, verspürten mehr Lebenssinn und konnten mehr für andere Menschen tun. Kleine Ursache – große Wirkung. Dies alles gilt jedoch nur für diejenigen, die in der Lage waren, positive Erlebnisse auch intensiv als positiv wahrzunehmen und zu genießen.

Wenn wir also unsere Schaffensfreude steigern wollen, sollten wir

- Aktivitäten pflegen, die Freude machen: uns verabreden, andere unterstützen oder ihnen bei der Bewältigung einer Aufgabe helfen, neugierig sein und dazulernen, spielen, meditieren, körperlich aktiv sein und so unsere Fitness erhalten oder verbessern;

- uns ganz auf die jeweilige Aktivität konzentrieren und die damit verbundene Freude und das gesteigerte Wohlbefinden bewusst wahrnehmen und genießen;
- eventuell auftauchende negative Gedanken und Gefühle kurz zur Kenntnis nehmen und sie vorbeiziehen lassen.

»Denke immer daran, dass es nur eine wichtige Zeit gibt: Heute. Hier. Jetzt.«

Leo Tolstoi

Impuls 27:
Phasen der Achtsamkeit häufiger erleben

Nehmen Sie sich eine Viertelstunde für ein Brainstorming zu der Frage »Was kann ich tun, um häufiger Achtsamkeit zu erleben?«. Vergegenwärtigen Sie sich Ihren Tagesablauf und suchen Sie nach Gelegenheiten, Achtsamkeit zu pflegen. Schreiben Sie einfach drauflos, halten Sie jeden auftauchenden Impuls fest, streichen Sie keine der Ideen durch, sondern fahren Sie einfach mit Ihrer Sammlung fort.

....

....

....

....

....

Lesen Sie dann Ihre Notizen durch und wählen Sie eine Gelegenheit aus, bei der Sie künftig achtsam statt achtlos sein wollen..Fragen Sie sich nun, wer und was Ihre künftige Achtsamkeit unterstützen kann. Was sollten Sie tun? Was sollten Sie lassen?

....

....

Und dann setzen Sie Ihre Intention in die Tat um; nutzen Sie dabei alles, was Sie als hilfreich für Ihr Vorhaben notiert haben.

Die weiteren Veränderungsideen bleiben zunächst einfach nur auf dem Blatt stehen. Sobald Sie Ihre erste Wahl umgesetzt haben und Sie registrieren, dass das neue Verhalten nun selbstverständlich geworden ist, nehmen Sie sich eine weitere Veränderung vor.

  Wählen Sie wieder eine Gelegenheit auf der Liste aus, überlegen Sie, was Sie unterstützen könnte, was Sie tun und lassen sollten, um es sich leichter zu machen – und legen Sie los.

Es geht nicht darum, möglichst schnell möglichst viel zu verändern. Im Sinne von mehr Achtsamkeit wäre das sogar ausgesprochen kontraproduktiv. Lassen Sie sich also Zeit, Schritt für Schritt vorzugehen.

*»Das Gras wächst nicht schneller,
wenn man daran zieht.«*

Afrikanisches Sprichwort

BEDEUTUNG UND SINN

Dieses Kapitel zeigt Ihnen, wie Zufriedenheit und Gehalt unseres Lebens durch das Empfinden von Bedeutung und Sinn gesteigert werden können.

Zunächst lernen Sie Indizien für Sinn-Entleerung kennen und machen dann Bekanntschaft mit zentralen Sinn-Bedürfnissen und möglichen Lebensbedeutungen. Dies gibt Ihnen viel Stoff für eigene Reflexionen und Interpretationen.

Das Modell der »Lebensstufen« von Erik H. Erikson ermöglicht Ihnen einen Einblick in das Feld der Entwicklungsaufgaben, die verschiedenen Lebensphasen zuzuordnen sind. Dies gibt Ihnen Gelegenheit zu erkunden, was in welchem Lebensalter vorrangige Herausforderungen sind, für die Sie Lösungen finden sollten.

Es folgt eine Reflexion darüber, was Sie selbst an wertvollen Kenntnissen und Fähigkeiten im Laufe Ihres Lebens erworben haben – und auf welche Weise Sie diese gerne weitergeben würden.

Dann erfahren Sie, inwieweit die Verbundenheit mit anderen ein starkes sinnstiftendes Element bildet und welche verschiedenen Möglichkeiten es gibt, Verbundenheit zu erleben.

Auf dem Weg zum eigenen Wesenskern

Im Gegensatz zu früheren Generationen können wir heute unter vielfältigen Lebensentwürfen wählen. Dadurch ist aber auch unsere Erwartung an uns selbst gestiegen, etwas aus dem eigenen Leben zu machen. Längst geht es nicht mehr allein darum, eine Ausbildung zu machen und sich für einen Beruf zu entscheiden, sondern es geht für viele von uns vor allem darum, etwas *Sinnvolles* zu tun und dabei auch finanziell abgesichert zu sein. Doch was lässt uns – neben Erfüllung im Beruf und einem interessanten Betätigungsfeld – das Leben sinnvoll erscheinen?

Nicht jeder hat einen Job, der das Bedürfnis nach Sinn befriedigen kann. Neben dem Beruf gibt es glücklicherweise noch andere Felder, die sinnstiftend wirken können, wie beispielsweise das Familienleben, ein inspirierender Freundeskreis oder gesellschaftliches Engagement. Die Frage nach dem Sinn ist eine spezifisch menschliche Frage, und Sinnerfüllung im Leben wird vielfach auch als Ressource für psychische Gesundheit betrachtet. Dabei kann Sinn nicht »verordnet« werden, Sinn kann nur gefunden werden. Während sich manche Menschen die Sinnfrage niemals stellen – oder nach der Pubertät aufgehört haben, sich Gedanken in diese Richtung zu machen –, leiden andere darunter, dass sie eben diesen Sinn nicht finden. Sie haben ihr Leben auf eine Art eingerichtet, die ihnen eigentlich nicht entspricht. Sie orientierten sich an Vorstellungen, von denen sie nun erkennen, dass es im Grunde nicht ihre eigenen sind, an Vorstellungen, die sie von anderen übernommen haben – von den Eltern, von den Medien, ganz allgemein von »der Gesellschaft«. Direkt und auch indirekt werden wir ja tagtäglich darin beeinflusst, wie wir unser Leben gestalten »sollen«.

Oftmals spielen dabei auch Zufälle eine Rolle: die Lehrstelle war die einzig verfügbare, zum gewünschten Studium wurde man nicht zugelassen und wählte deswegen ein anderes, der Umzug in eine andere Stadt diente der Karriere, eine ungeplante Schwangerschaft veränderte die Lebensplanung.

Und dann hängt man seine Wünsche und Träume an den Nagel und richtet sich in den Umständen ein.

»Ihre Zeit ist begrenzt! Vergeuden Sie nicht Ihre Zeit damit, dass Sie das Leben eines anderen leben.«

Steve Jobs

Manche sind sich schon früh sicher, zu etwas Bestimmtem berufen zu sein. Sie wissen ganz genau, was Sinn und Aufgabe ihres Lebens ist, und folgen ihrem inneren Ruf ohne jeden Zweifel. Das ist jedoch eher die Ausnahme. Viele richten sich einfach in dem ein, was sich ergeben hat, und fragen sich erst später danach, ob das nun alles gewesen sein soll. »Wofür tue ich das eigentlich?« – »Gibt es nichts anderes, etwas, das mich erfüllt und wo ich spüre, dass ich am richtigen Platz bin?« Oder: »Welchen Nutzen hat das, wofür ich mich einsetze, eigentlich? Ist es nicht vollkommen egal, ob das getan wird oder nicht getan wird?«

Viele Menschen kommen irgendwann an den Punkt, an dem sie den Eindruck haben, eher »gelebt zu werden«, statt ihr Leben selbst zu gestalten. Es ist nicht ungewöhnlich, dieses Gefühl hin und wieder mal in sich zu spüren. Hellhörig sollten wir dann werden, wenn es sich regelrecht in uns einnistet und wir häufig trübe Gedanken über uns, unsere Arbeit, unsere Beziehungen und unser Lebensumfeld haben. Insbesondere die zehn nachfolgenden Indizien sind Warnzeichen, die uns Hinweise auf ein »Stopp! So nicht weiter« geben.

1. Die Jahre ziehen ins Land, und jeder Tag sieht so aus wie der zuvor und der zuvor und der zuvor und ...
2. Angesichts der Menge an Verpflichtungen, die täglich abzuarbeiten sind, fühlen wir uns wie in einem Hamsterrad.
3. Das Leben kommt uns wie ein ständiger Kampf vor oder wie eine endlose Pflichtveranstaltung.
4. Wir laufen Tag für Tag unserer To-do-Liste hinterher und fühlen uns abends so geschafft, dass nur noch fernsehen »geht«.
5. Wir fühlen uns ständig irgendwie genervt, sind gereizt und verlieren schnell die Geduld.
6. Unser Job fordert uns wenig, und wir sind deswegen häufig gelangweilt und frustriert.
7. Unser Job fordert uns zu sehr und raubt uns jegliche Energie für alle anderen Lebensbereiche.
8. Wir sind in erster Linie für andere da und spüren unsere eigenen Bedürfnisse nicht mehr.
9. Wir erinnern uns nicht mehr daran, wann wir zum letzten Mal unbeschwert und glücklich waren.
10. Wir reagieren ärgerlich oder geringschätzig, wenn jemand davon spricht, einen Traum verwirklichen oder eine Vision entwickeln zu wollen. Und wir winken ab, wenn jemand uns auffordert, uns unser Leben in einigen Jahren vorzustellen.

Wenn Sie eines oder mehrere dieser Indizien spontan bestätigt haben, sind Veränderungen in Ihrem eigenen Interesse angebracht. Phänomene wie diese sind ein deutlicher Hinweis auf eine schleichende Sinn-Entleerung.

Neben den guten Gefühlen und die Freude an dem, womit man sich beschäftigt, spielt also auch noch eine weitere Dimension für die persönliche Entfaltung eine Rolle: der Sinn im Leben. Der österreichische Psychiater und Begründer der Logotherapie Viktor Frankl sah in allen Menschen einen »Willen zum Sinn«. Er formte die These, dass jedes Leben ein Leben auf den Sinn hin sei, auch wenn man ihn nicht kenne; es könne auch ein Vorwissen um den Sinn bzw. eine Ahnung vom Sinn geben.

Wer in seinem Bekannten- und Freundeskreis danach fragt, worin jemand den »Sinn des Lebens« sieht, erhält meist völlig unterschiedliche Reaktionen, positive wie negative. Hochgezogene Augenbrauen, Achselzucken, die ironische Bemerkung, dass diese Frage angesichts des Zustands der Welt nur zynisch gemeint sein könne. Manche haben sich mit der Frage nach einem persönlichen Lebenssinn noch nie eingehend beschäftigt, weil sie fürchten, einfach keine schlüssige Antwort darauf zu finden.

Andere antworten beispielsweise mit »glücklich sein«, »Kinder haben«, »für andere da sein« oder, wenn sie spirituell denken, »Erkenntnis gewinnen«, »Gott finden«, »ein im ethischen Sinn gutes Leben führen«.

Impuls 28:
Verborgene Wünsche

Nutzen Sie eine ruhige Stunde, vielleicht auf einem Spaziergang, zu Hause oder auch im Büro, in der Sie sicher ungestört sind. Sie können natürlich einfach »vor sich hin denken«, aber mit Stift und Papier geht das besser, weil Sie leichter die Übersicht behalten und Ideen gleich festhalten können. Stellen Sie sich die nachfolgenden Fragen und notieren Sie alles, was Ihnen einfällt.

- Wenn Sie manchmal einfach so vor sich hin träumen, was sehen Sie sich da oft und gerne tun?

  ....

- Wenn Zeit und Geld keine Rolle spielten, was würden Sie dann am liebsten tun?

  ....

- Angenommen, Sie hätten mit einem bestimmten Projekt auf jeden Fall Erfolg – egal was es ist – was würden Sie dann in Angriff nehmen?

  ....

- Welche Tätigkeitsfelder in Ihrem Arbeitsalltag haben für andere den größten Nutzen?

  ....

- Was von dem, was Sie privat tun, hat für andere den größten Nutzen?

  ....

Einen Lebenssinn, der für alle gleichermaßen gültig wäre, gibt es so nicht. Was wir alle miteinander teilen, ist das Wissen darum, dass das Leben endlich ist und der Tod am Ende der individuellen Existenz steht. Doch auf die Frage, wie man ein sinnerfülltes Leben führt, gibt es wohl so viele Antworten, wie es Menschen gibt. Auch der Wissenschaft, deren Anspruch es ja auch ist, allgemeingültige Gesetzmäßigkeiten zu entdecken und schlüssige »Wenn-dann«-Beziehungen herzustellen, ist es nicht gelungen, ein für alle gültiges Sinngefüge zu finden.

Die aktuelle psychologische Forschung, die sich des Themas Sinn und Sinnfindung als wichtigen Bereich des menschlichen Denkens, Fühlens und Handelns angenommen hat, nennt vielmehr einzelne Sinn-Bausteine, aus denen sich das individuelle Sinn-Empfinden zusammensetzt.

Die Psychologen Kristin L. Sommer (Baruch College, City University of New York) und Roy F. Baumeister (Florida State University, Tallahassee) vertreten die These, dass der Mensch sowohl in ganz alltäglichen Situationen wie auch ganz generell im Leben nach Sinn sucht. Dabei haben die beiden Forscher vier unterschiedliche Bestrebungen ausgemacht, die sie »Sinn-Bedürfnisse« nannten:

• **Bedürfnis nach Bestimmung** (need for purpose):
Menschen streben danach, aktuelle Geschehnisse mit Zukünftigem in eine nachvollziehbare Verbindung zu bringen. Wir wollen die Ziele erreichen, die wir uns gesetzt haben, und dadurch persönliche Erfüllung erleben. Von einer Bestimmung des Lebens auszugehen bedeutet zu glauben, dass wir aus einem bestimmten Grund hier sind – egal ob der Grund von uns selbst oder durch die Gesellschaft festgelegt wird oder ob wir ihn auf göttliches Wirken zurückführen.

• **Bedürfnis nach Wirksamkeit** (need for efficacy):
Menschen möchten darauf vertrauen, dass sie Kontrolle über Ereignisse haben. Wir möchten erleben, dass wir etwas bewirken und Einfluss auf unsere Umgebung auszuüben vermögen.

- **Bedürfnis nach Wert** (need for value):

Im Regelfall sollte unser Tun einen positiven Wert haben und moralisch gut sein. Dabei spielt als ein Aspekt unsere individuelle Interpretation der Handlung eine Rolle, als zweiter Aspekt ist die Bewertung durch andere, uns wichtige Bezugspersonen von Bedeutung.

- **Bedürfnis nach Selbstwert** (need for self-worth):

Dieses Bedürfnis weist ebenfalls zwei Aspekte auf: Unser Bestreben, die eigenen Eigenschaften und Fähigkeiten selbst als positiv zu werten ist dabei der eine Aspekt, damit auch Anerkennung und Wertschätzung bei anderen zu erlangen, der weitere Aspekt.

Nach Baumeister und Sommer fühlen sich Menschen dann am glücklichsten, wenn sie all diese vier Sinn-Bedürfnisse gleichermaßen erfüllt sehen.

Impuls 29:
Sinn-Bedürfnisse

Denken Sie an verschiedene Situationen in der näheren und ferneren Vergangenheit, die Sie als sinnstiftend erlebt haben. Überlegen Sie, welches der vier Sinn-Bedürfnisse Ihrem Erleben vermutlich zugrunde gelegen hat. Lassen Sie mehrere dieser Erlebnisse, in denen Sie ein deutliches Sinn-Empfinden verspürten, vor Ihrem inneren Auge Revue passieren, und spüren Sie Ihrem Erleben nach.

Schätzen Sie dann aufgrund dieser Erfahrungen jeweils auf einer Skala von 1 bis 10 ein, wie stark diese vier Sinn-Bedürfnisse in Ihrem Inneren ausgeprägt sind (1 = sehr schwach, 10 = sehr stark).

- *Bedürfnis nach Bestimmung:* 1...10

- *Bedürfnis nach Wirksamkeit:* 1...10

- *Bedürfnis nach Wert:* 1...10

- *Bedürfnis nach Selbstwert* 1...10

Welches Bedürfnis ist für Sie besonders wichtig?

Wenn Sie dann Ihr aktuelles Leben betrachten, den Alltag ebenso wie herausragende Erlebnisse und Unternehmungen, wie stark sehen Sie dann jeweils die einzelnen Sinnbedürfnisse erfüllt, v. a. auch das für Sie wichtigste der vier Bedürfnisse? Halten Sie dies wieder auf einer Skala zwischen 1 und 10 fest (1 = sehr schwach, 10 = sehr stark)

- *Bedürfnis nach Bestimmung:* 1...10

- *Bedürfnis nach Wirksamkeit:* 1...10

- *Bedürfnis nach Wert:* 1...10

- *Bedürfnis nach Selbstwert* 1...10

Stellt Sie das Ergebnis zufrieden? Wenn Ihre Sinn-Bedürfnisse gut erfüllt sind und mit Ihrem Lebensstil harmonieren, werden Sie häufig ein Gefühl von Authentizität und großer Zufriedenheit erleben. Bestehen hingegen Diskrepanzen zwischen Sinn-Bedürfnissen und Lebensstil, dann ist offener oder latenter Missmut die Folge.

Überlegen Sie: Was könnten Sie dafür tun, Sinn-Erlebnisse häufiger werden zu lassen? Notieren Sie spontan (mindestens) drei Ideen dazu:

1. ....

2. ....

3. ....

Das Verlangen nach Sinn und Bedeutung ist schon seit Jahrhunderten Gegenstand der Philosophie. »Erkenne dich selbst« stand über dem Eingang des Orakels von Delphi am Hange des Parnass. Wer sich selbst besser versteht, erkennt leichter, was er für ein sinnerfülltes Leben braucht.

In einem Fragebogen, der am Lehrstuhl von Prof. Dr. Tatjana Schnell an der Universität Innsbruck entwickelt wurde, werden vier Dimensionen genannt, denen 26 mögliche Lebensbedeutungen zugeordnet werden können. Diese Dimensionen sind:

- Selbsttranszendenz
- Selbstverwirklichung
- Ordnung
- Wir- und Wohlgefühl

Bei der Dimension **Selbsttranszendenz** unterscheiden die Forscher einen »vertikalen« und einen »horizontalen« Aspekt.

Vertikale Selbsttranszendenz:

- Explizite Religiosität: persönliche Gottesbeziehung
- Spiritualität: Orientierung an anderer Wirklichkeit und Schicksalsglaube

Horizontale Selbsttranszendenz:

- Soziales Engagement: aktives Eintreten für Gemeinwohl oder Menschenrechte
- Naturverbundenheit: Einklang und Verbundenheit mit der Natur
- Selbsterkenntnis: Suche nach und Auseinandersetzung mit dem Selbst
- Gesundheit: Erhalt und Förderung von Fitness und Gesundheit
- Generativität: Tun oder Erschaffen von Dingen mit bleibendem Wert

Die Dimension **Selbstverwirklichung** umfasst dabei so unterschiedliche Aspekte wie:

- Herausforderung: Suche nach Neuem, Abwechslung und Risiko
- Individualismus: Individualität und Ausleben von Potenzialen
- Macht: Kampf und Dominanz
- Entwicklung: Zielstrebigkeit und Wachstum
- Leistung: Kompetenz und Erfolg
- Freiheit: Ungebundenheit und Selbstbestimmung

- Wissen: Hinterfragen, Informieren und Verstehen dessen, was ist
- Kreativität: Phantasie und schöpferische Gestaltung

Die Dimension **Ordnung** umfasst:

- Tradition: Festhalten an Ordnung, Bewährtem und Gewohntem
- Bodenständigkeit: Pragmatismus und Anwendungsbezug
- Moral: Orientierung an klaren Richtlinien und Werten
- Vernunft: Abwägung und Rationalität

Die Dimension **Wir- und Wohlgefühl** wird unterteilt in:

- Gemeinschaft: menschliche Nähe und Freundschaft
- Spaß: Humor und Vergnügen
- Liebe: Romantik und Intimität
- Wellness: Wohlgefühl und Genuss
- Fürsorge: Fürsorglichkeit und Hilfsbereitschaft
- Bewusstes Erleben: Achtsamkeit und Rituale
- Harmonie: Ausgewogenheit und Gleichklang mit sich selbst und anderen

»Ziel des Fragebogens ist die dimensionale Beschreibung einzelner Personen oder Personengruppen bezüglich der Ausprägung verschiedener Lebensbedeutungen, Sinn-Erfüllung und Sinn-Krise. Auf jeder Skala kann ein – in Bezug auf die Referenzgruppe – durchschnittlicher, unter- oder überdurchschnittlicher Wert erreicht werden; das jeweilige Profil erlaubt Schlüsse darauf, ob eine Sinn-Krise besteht, ob eine Person ihr Leben als

sinnerfüllt wahrnimmt, und welche Lebensbedeutungen in welchem Ausmaß dazu beitragen.«

(Quelle: http://www.sinnforschung.org/sinnforschung-uni-innsbruck/lebe-der-fragebogen-zu-lebensbedeutungen-und-lebenssinn).

Einigen dieser Begriffe, beispielsweise Kreativität, Wissen oder Spaß, sind wir bereits in den ersten beiden Kapiteln dieses Buches begegnet – beim Geheimnis der guten Gefühle ebenso wie bei den Charakterstärken oder beim Phänomen des Flow. Das ist nicht verwunderlich, denn wenn wir uns angewöhnt haben, mehr positive als negative Gefühle zu spüren, und kreativ und selbstbestimmt arbeiten, erleben wir uns selbst als lebensbejahend und authentisch. All dies ist auch für das Erspüren des Lebenssinns wichtig. Dass dieser abhängig von den individuellen Prioritäten, Gedanken und Gefühlen sehr unterschiedlich erlebt wird, zeigt auch die obige Auflistung der 26 Qualitäten. Auch, was man bereit ist, zum »Großen und Ganzen« beizusteuern, beeinflusst die Wahrnehmung des Lebenssinns.

Der eine findet Erfüllung bei der Unterstützung von hilfsbedürftigen Menschen, andere finden ihre Berufung im kreativen Bereich oder auch darin, die eigenen Kinder in ihrer Entwicklung zu begleiten. Wieder ein anderer geht einen spirituellen Weg und sucht nach Erkenntnis und Weisheit. Letztlich entscheidet jeder für sich selbst, ob er das eigene Leben als sinnvoll empfindet. Gerade weil es so viele Möglichkeiten gibt, Sinn zu finden, sind die Bereiche neben der Arbeit so wichtig für ein glückliches und gesundes Leben: Freunde, Familie, Hobbys, gesellschaftliches Engagement usw. Was immer Sie als sinnstiftend erleben, wenn Sie spüren, dass das genau »Ihres« ist und Sie voll dahinterstehen, ist dies eine wertvolle Einsicht, die dann viele persönliche Entscheidungen beeinflusst.

Es kann nicht »den (einen) Sinn« geben, denn Sinnfindung macht sich immer an der individuellen Situation eines Menschen fest. Wenn Sie die vier Sinn-Dimensionen mit ihren zugeordneten Aspekten betrachten, also Selbsttranszendenz, Selbstverwirklichung, Ordnung, Wir- und Wohlgefühl, dann gibt es welche, die für Sie bedeutender sind als andere. Es sind sicher auch Aspekte darunter, deren Bedeutung für Sie nachrangig ist.

Der nachfolgende Impuls verhilft Ihnen zu einem groben Überblick darüber, wo Sie die für Ihr Leben bedeutsamen sinnstiftenden Elemente sehen. Dabei geht es nicht um »sollte« (nach dem Motto »Dieser oder jener Aspekt ›sollte‹ für mich sinnstiftend sein)«, sondern allein um Ihre tatsächlichen Eindrücke und Empfindungen.

Impuls 30:
Sinn-Dimensionen und persönliches Empfinden

Lesen Sie die Liste der möglichen Lebensbedeutungen noch einmal durch und treffen Sie dann wieder für jeden dieser Werte mithilfe zweier Skalen von 1 bis 10 eine ganz individuelle Einschätzung,

- *wie wichtig Ihnen der jeweilige Aspekt ist und*
- *welchen Stellenwert der Aspekt tatsächlich momentan in Ihrem Leben hat.*

Explizite Religiosität

Wichtigkeit: *1...10*
Derzeitiger Stellenwert: *1...10*

Spiritualität

Wichtigkeit: 1...10

Derzeitiger Stellenwert: 1...10

Soziales Engagement

Wichtigkeit: 1...10

Derzeitiger Stellenwert: 1...10

Naturverbundenheit

Wichtigkeit: 1...10

Derzeitiger Stellenwert: 1...10

Selbsterkenntnis

Wichtigkeit: 1...10

Derzeitiger Stellenwert: 1...10

Gesundheit

Wichtigkeit: 1...10

Derzeitiger Stellenwert: 1...10

Generativität

Wichtigkeit: 1...10

Derzeitiger Stellenwert: 1...10

Herausforderung

Wichtigkeit: 1...10

Derzeitiger Stellenwert: 1...10

Individualismus

Wichtigkeit: 1..10

Derzeitiger Stellenwert: 1..10

Macht

Wichtigkeit: 1..10

Derzeitiger Stellenwert: 1..10

Entwicklung

Wichtigkeit: 1..10

Derzeitiger Stellenwert: 1..10

Leistung

Wichtigkeit: 1..10

Derzeitiger Stellenwert: 1..10

Freiheit

Wichtigkeit: 1..10

Derzeitiger Stellenwert: 1..10

Wissen

Wichtigkeit: 1..10

Derzeitiger Stellenwert: 1..10

Kreativität

Wichtigkeit: 1..10

Derzeitiger Stellenwert: 1..10

Tradition

Wichtigkeit: 1...10

Derzeitiger Stellenwert: 1...10

Bodenständigkeit

Wichtigkeit: 1...10

Derzeitiger Stellenwert: 1...10

Moral

Wichtigkeit: 1...10

Derzeitiger Stellenwert: 1...10

Vernunft

Wichtigkeit: 1...10

Derzeitiger Stellenwert: 1...10

Gemeinschaft

Wichtigkeit: 1...10

Derzeitiger Stellenwert: 1...10

Spaß

Wichtigkeit: 1...10

Derzeitiger Stellenwert: 1...10

Liebe

Wichtigkeit: 1...10

Derzeitiger Stellenwert: 1...10

Wellness

Wichtigkeit: 1..10

Derzeitiger Stellenwert: 1..10

Fürsorge

Wichtigkeit: 1..10

Derzeitiger Stellenwert: 1..10

Bewusstes Erleben

Wichtigkeit: 1..10

Derzeitiger Stellenwert: 1..10

Harmonie

Wichtigkeit: 1..10

Derzeitiger Stellenwert: 1..10

Wenn die Werte auf beiden Skalen in etwa übereinstimmen, sind wir zufrieden mit dem, wie wir uns eingerichtet haben. Ist auf der Skala der Wichtigkeit bei einem Aspekt ein deutlich höherer Wert eingetragen als auf der Skala des derzeitigen Stellenwerts, mangelt es uns hier an Sinnhaftigkeit: Wir können Werte und Qualitäten, die uns wichtig sind, nicht leben. Ebenso, wenn die Stellenwert-Skala deutlich höher ist als die Wichtigkeit-Skala. Dann leben wir nach Werten, die nicht unsere eigenen sind.

Manchmal erkennen wir das für uns Sinnstiftende auch in der Reaktion auf eine große Veränderung im Leben, eine Krise etwa oder eine überstandene schwere Krankheit. Dies kann zum Ausgangspunkt für eine neue Entwicklung werden – für eine berufliche Neuorientierung, für eine Umschulung, für das Erkennen einer Lebensaufgabe. Fragen tauchen auf wie: *Was will ich verstärkt in meinem Leben haben? Was will ich loslassen? Worauf kann ich getrost verzichten – und worauf will ich nicht verzichten? Was will ich weitergeben?* Bei manchen setzt eine Lebenskrise das frei, was ohnehin bereits in ihnen schlummerte und lediglich im Laufe des Lebens von anderen Aufgaben überlagert wurde.

Die Erkenntnis sinnstiftender Elemente im eigenen Leben bringt zumeist einen spürbaren Zuwachs an Lebensenergie.

*»Derjenige, der ein Warum zum Leben hat,
kann fast jedes Wie ertragen.«*

Friedrich Nietzsche

Ein gutes Leben leben, Stufe für Stufe

Schon im klassischen Altertum machten sich Philosophen wie Aristoteles, Solon, Platon oder Hippokrates angesichts der Verschiedenheit der unterschiedlichen Lebensabschnitte Gedanken über den Lauf des Lebens und möglicher damit verbundener Entwicklungsaufgaben. Hippokrates verglich das Leben mit dem Lauf eines Jahres. Dabei steht die Kindheit für den Frühling, die Jugend für den Sommer, das mittlere Lebensalter für den Herbst und das Greisenalter schließlich für den Winter. Und so, wie ein Keimling zur jungen Pflanze heranreift und Blüten zu Früchten werden, bis dann nach der Ernte sich die Säfte aus der Pflanze zurückziehen und sie zu welken beginnt, verläuft auch das Leben der Menschen in einem sehr ähnlichen Rhythmus. Man stellte sich vor, dass der Mensch entsprechend der inneren und äußeren

Prozesse, die während des Älterwerdens ablaufen, in jeder Entwicklungsphase spezielle Aufgaben zu lösen hätte, um zur Reife zu gelangen und sich schließlich am Ende erfüllt vom Leben verabschieden zu können.

Die Bewältigung einer Entwicklungsaufgabe geschieht durch einen – meist einige Jahre dauernden – Lernprozess und zieht, wenn sie positiv abgeschlossen ist, Veränderungen nach sich, die die Persönlichkeit »runder«, stabiler und widerstandsfähiger machen. Dies wiederum befähigt den Menschen dazu, der nächsten Entwicklungsaufgabe gewachsen zu sein und sie in Angriff zu nehmen. Letztlich folgt er damit einer Entwicklungsdynamik, die ihm immer neue Anpassungen abverlangt, ihm immer neue Aufgaben stellt und ihm auch immer wieder neue Chancen bietet.

Der in Deutschland geborene Psychologe Erik H. Erikson, der zu den einflussreichsten Psychoanalytikern des 20. Jahrhunderts zählt, hat ein Stufenmodell der psychosozialen Entwicklung aufgestellt, in dem er darlegt, wie sich unsere Identität Stufe für Stufe ausbildet. Dabei geht er davon aus, dass jeder Einzelne im Meistern der Entwicklungsstufen Krisen und Konflikten ausgesetzt ist. Diese entstehen, weil man sich miteinander auch oft widersprechenden Forderungen und Bedürfnissen auseinandersetzen muss, was mehr oder weniger gut gelingt.

Erikson beschreibt dabei acht Entwicklungsstufen mit ihren charakteristischen Krisen und Chancen. Dies geschieht vor dem Hintergrund unserer westlichen Industriegesellschaft und den hier geltenden kulturellen Normen und Werten, was die Allgemeingültigkeit einschränkt. In seinem Modell geht Erikson davon aus, dass innerhalb jeder Entwicklungsstufe charakteristische Krisen zu bewältigen sind. Es kommt zu Spannungen zwischen sogenannten syntonischen (= positiven) und dystonischen (= negativen) Tendenzen, für die Lösungen gefunden werden müssen.

Dieser Annahme folgend, benennt Erikson jede Lebensphase mit einem positiven Begriff, der das Ziel der Reifeentwicklung bezeichnet, und mit einem negativen Begriff, der für die nicht gelungene Reifeentwicklung steht.

Von der Art der Krisenbewältigung hängt dann der Verlauf der weiteren Entwicklung ab. Je nach Entwicklungsstufe wandelt sich im Laufe des Lebens auch das persönliche Selbstverständnis. Die Angabe der jeweiligen Lebensjahr-Spanne ist dabei nicht als festgeschrieben anzusehen, sondern lediglich als ein ungefährer Richtwert zu betrachten.

Der Psychoanalytiker und Entwicklungspsychologe George E. Vaillant übernahm später das entwicklungspsychologische Modell von Erikson und erweiterte es um zwei weitere Stufen (im nachfolgenden Kasten kursiv gesetzt), die das mittlere und höhere Lebensalter weiter ausdifferenzieren.

Vaillant hat als Initiator der bislang umfangreichsten Längsschnittstudie in der Geschichte der Psychologie, der »Grant Study of Adult Development« der Harvard University, erforscht, welche psychischen und mentalen Qualitäten jemand braucht, um als Erwachsener und insbesondere auch als alter Mensch ein erfülltes Leben zu führen.

Entwicklungsstufen nach Erik H. Erikson mit zwei Ergänzungen von George E. Vaillant

Vertrauen vs. Misstrauen *(1. Lebensjahr):*
Zu Beginn entwickelt das Kind je nach den Erfahrungen, die es macht, Vertrauen in sich selbst, in andere und in seine Umwelt, das sogenannte Urvertrauen, oder es überwiegt das Misstrauen. Das Urvertrauen entsteht aus der Erfahrung, dass zwischen der Welt und

den persönlichen Bedürfnissen Übereinstimmung herrscht. Beim
Misstrauen hingegen werden vorwiegend enttäuschende Diskre-
panzen zwischen den eigenen Bedürfnissen und den Reaktionen der
Umwelt wahrgenommen. Es ist wichtig, dass ein Kind sowohl
Vertrauen als auch Misstrauen kennenlernt. Entscheidend für eine
gelingende Persönlichkeitsentwicklung ist, dass sich das Vertrauen
stärker entwickelt.
Selbstverständnis: »Ich bin, was man mir gibt.«

Autonomie vs. Scham und Zweifel *(2. bis 3. Lebensjahr):*
*Das Kind erkennt sich selbst zunehmend als eigenständige Persön-
lichkeit und will von anderen unabhängig sein. Im Konflikt zwischen
dem Wollen und dem Dürfen bzw. dem Wollen und dem Können
bilden sich wesentliche Aspekte seines Selbstbilds heraus. Eine
erfolgreiche Meisterung dieser Entwicklungsstufe ist gekennzeichnet
davon, dass die Autonomie sich stärker ausformt als Scham und
Zweifel. Erikson sagte, dieses Stadium sei »entscheidend für das
Verhältnis zwischen Liebe und Hass, Bereitwilligkeit und Trotz, freier
Selbstäußerung und Gedrücktheit«.*
Selbstverständnis: »Ich bin, was ich will.«

Initiative vs. Schuldgefühl *(4. bis 5. Lebensjahr):*
*Nun entwickeln sich Gewissen und Moral – im Idealfall in einer dem
Leben in einer Gemeinschaft angemessenen Balance. Andernfalls
kann sich entweder eine Neigung zu übertrieben stark ausgepräg-
ten Schuldgefühlen oder ein Hang zur Skrupellosigkeit entwickeln.
Ein erfolgreiches Durchleben dieser Entwicklungsstufe ist also dann
gegeben, wenn das Kind gelernt hat, Initiative zu ergreifen sowie mit
Schuldgefühlen umzugehen.*

Erikson beschreibt die Bewältigung als begleitet vom Gefühl »unge-brochener Initiative als Grundlage eines hoch gespannten und doch realistischen Strebens nach Leistung und Unabhängigkeit«. *Selbstverständnis: »Ich bin, was ich mir vorstellen kann zu werden.«*

Kompetenz vs. Minderwertigkeit *(6. Lebensjahr bis zur Pubertät): In dieser Altersstufe wollen Kinder verstärkt neue Erfahrungen machen und dazulernen. Sie wollen, dass man ihnen zeigt, wie Dinge funktionieren, wie sie sich Wissen aneignen und auch wie sie mit anderen gut zusammenarbeiten können. Dieses Bedürfnis, allein oder mit anderen etwas von Wert herzustellen, bezeichnet Erikson als Werksinn oder auch Kompetenz. Wird ein Kind in dieser Phase seiner Entwicklung mit zu hohen Erwartungen überfordert, ist ein dauerhaftes Gefühl der Unzulänglichkeit die Folge. Sind die Anforderungen dem Können angemessen, bildet sich ein stabiles Selbstvertrauen heraus.*
Selbstverständnis: »Ich bin, was ich lerne.«

Identität vs. Identitätsdiffusion *(Pubertät und Adoleszenz): Identität heißt zu wissen, wer man ist und wie man einen den eigenen Talenten und Fähigkeiten entsprechenden Platz in der Gesellschaft einnimmt. Alle vorangehenden Phasen liefern Voraussetzungen für die Bewältigung dieser Entwicklungsphase: Vertrauen, Autonomie, Initiative, Fleiß. Dazu kommen nun körperliche Veränderungen und veränderte Ansprüche anderer. Der Jugendliche stellt sich selbst infrage und sucht seine Identität. Seine Entwicklungsaufgabe ist es, das Selbstbild weiter auszudifferenzieren, seine soziale Rolle zu finden und sich als Individuum in die Gemeinschaft zu integrieren.*
Selbstverständnis: »Ich bin, was ich bin.«

Intimität vs. Isolierung *(frühes Erwachsenenalter):*
Aufgabe dieser Entwicklungsstufe ist es, die Fähigkeit zur Intimität mit anderen herauszubilden, um nicht – falls dies nicht gelingt – ein isoliertes Leben zu führen. Die Formung der Identität gelingt dann gut, wenn man in der Kindheit und Jugendzeit viele positive Erfahrungen gesammelt hat und über ein stabiles Selbstvertrauen verfügt. Wird der Konflikt »Intimität vs. Isolierung« erfolgreich gemeistert, so erwächst daraus nach Erikson die Fähigkeit zur Liebe. Selbstverständnis: »Ich bin, was mich liebenswert macht.«

Konsolidierung (frühes bis mittleres Erwachsenenalter):
Hier wird als Entwicklungsaufgabe gesehen, sich eine stabile soziale Identität im eigenen Lebensumfeld und insbesondere im beruflichen Kontext zu schaffen. Als Voraussetzungen dafür gelten ein solides Kompetenzniveau und die Wertschätzung durch andere Menschen. Es geht um berufliche Weiterentwicklung, um Familiengründung und darum, sich langfristig in persönlich bedeutsamen Projekten zu engagieren. Ziel ist, mit dem eigenen Leben und Wirken im Großen und Ganzen zufrieden zu sein.

Generativität vs. Stagnation *(mittleres Erwachsenenalter):*
Mit Generativität bezeichnet Erikson die Fähigkeit, eigene Kinder zu erziehen, und sich auch durch gesellschaftliches Engagement für künftige Generationen einzusetzen. Gemeint sind auch alle Formen innovativer und kreativer Leistung im Beruf sowie die Fürsorge für andere. Wurden vorangegangene Phasen nicht gut bewältigt und die Fähigkeit zur Fürsorge nicht ausgebildet, kann es zur Stagnation kommen. Stagnation, so verstanden, ist das Gegenteil von Generativität: sich lediglich um sich selbst zu kümmern und um niemanden

sonst. Konflikte in dieser Phase zeigen sich in übermäßiger Bemutterung, in Langeweile und Leere oder allgemein in der Vernachlässigung zwischenmenschlicher Kontakte.
Selbstverständnis: »Ich bin, was ich bereit bin zu geben.«

Bewahren des Sinns *(mittleres bis höheres Erwachsenenalter):*
Hier geht es darum, kulturelle und gesellschaftliche Werte zu bewahren und wichtige ethische und soziale Errungenschaften in der Gesellschaft weiter verankern zu helfen, indem man sich als älter werdender Mensch Tugenden wie Weisheit und Gerechtigkeit verschreibt. Wer als »Bewahrer des Sinns« aktiv wird, übernimmt vielleicht die Rolle eines Mediators oder eines Hüters von Traditionen. Er wirkt dabei oft weit über den eigenen Umkreis hinaus.

Ich-Integrität vs. Verzweiflung *(hohes Erwachsenenalter):*
Nun ist verstärkt Rückschau angesagt. Es wird Bilanz gezogen, um Frieden mit dem zu schließen, was im eigenen Leben unerfüllt blieb, was schmerzhaft war, was als ungerecht empfunden wurde. Wem es gelingt, das Geschehene anzunehmen und die Endlichkeit des Lebens zu akzeptieren, hat Weisheit erlangt und kann gefasst auch seinem Tod entgegensehen. Wer jedoch im Hader zurückschaut und am liebsten alles noch einmal und völlig anders machen würde, wer der Auseinandersetzung mit Alter und Tod ausweicht, der verzweifelt an dieser Stufe.
Selbstverständnis: »Ich bin, was ich mir angeeignet habe.«

Wir sehen an diesem Modell, dass die erste Lebenshälfte ganz unter dem Vorzeichen des Aufbaus, des Erwerbs von Kenntnissen und Fähigkeiten und deren zielgerichteter Anwendung steht. Es gibt eine Vielfalt an Dingen, die getan, Entscheidungen, die getroffen, und Prüfungen, die absolviert werden müssen. Es gilt, Schule, Ausbildung oder Studium zu durchlaufen und abzuschließen. Eine berufliche und finanzielle Existenz will aufgebaut, eine Karriere verfolgt werden. Es geht darum, einen Platz im Leben zu finden, eine Ehe oder Partnerschaft einzugehen, eine Familie zu gründen, Kinder zu erziehen, Wissen und Können anzuwenden. Die Überschrift »Streben nach Erfolg«, mit der sich die erste Lebenshälfte betiteln lässt, wird in der zweiten Hälfte mehr und mehr von der Überschrift »Streben nach Sinnerfüllung« abgelöst. Die Wünsche und Bedürfnisse wandeln sich.

Früher oder später wird uns bewusst, dass das Leben begrenzt ist. Nachdem wir uns im Leben eingerichtet und eine Vielzahl von Aufgaben erledigt haben, fragen wir uns dann:

- Was will und brauche ich eigentlich »für mich«?
- Soll es so weitergehen oder suche ich eigentlich etwas anderes?
- Will ich diesen Beruf weiter ausüben?
- Will ich mit meinem Partner zusammen alt werden?
- Was ist mir wirklich wichtig?
- Was möchte ich in meinem Leben noch erreichen, erleben oder bekommen?

Wir müssen jedoch nicht erst in eine Midlife-Crisis geraten, um uns diesen Fragen zu stellen. Vielmehr gilt: Je früher wir der Sinnfrage nachgehen, desto einfacher ist es, die Weichen dementsprechend zu stellen.

Meist weil wir die Konsequenzen scheuen, die ehrliche Antworten nach sich ziehen könnten, weichen wir solchen Fragen aus. Je häufiger und länger wir dies aber tun, desto geringer wird in unseren Augen die eigene Glaubwürdigkeit und desto mehr schwindet unser Mut zu einer möglichen Veränderung.

Wenn wir unsere Werte kennen und respektieren und notfalls auch unbequeme Entscheidungen treffen, um ihnen gerecht zu werden, können wir den »roten Faden« in unserem Leben finden und dadurch unser Sinnempfinden stärken.

Was weist über Sie hinaus?

Viele leiten gerade in den mittleren Jahren, in der Lebensphase, die dem »Bewahren des Sinns« gewidmet ist, gravierende Veränderungen ein oder fangen etwas völlig Neues an. Sei es, weil bisherige Aufgaben abgeschlossen sind, oder sei es, dass sie unter dem Eindruck der Endlichkeit des Lebens zu der Überzeugung gelangt sind, bisher am »Eigentlichen« vorbeigelebt zu haben. Sie stellen sich die Frage nach Sinn in ihrem Leben, vielleicht auch nach einer Berufung oder Bestimmung. Sie spüren die Sehnsucht danach, etwas Besonderes zu schaffen, durch das sie in Erinnerung bleiben, oder den starken Wunsch, die eigenen Werte und Erfahrungen weiterzutragen. Als Eltern beeinflussen und formen wir in diesem Sinne – mehr oder weniger bewusst – auch unsere Kinder. In unseren Nachkommen leben nicht nur die eigenen Gene fort, sondern auch Gedanken, Ideen, Werte, Rituale, Traditionen. Mag die Weitergabe von geistigen Gütern auch nur bedingt steuerbar sein, so können wir doch gewiss sein, dass einiges von uns über den Tod hinaus bleibt und sich in Kindern und Enkeln fortentwickelt.

Das ist jedoch nur eine der Möglichkeiten, wie Generativität sich zeigen kann. Der amerikanische Psychologe und Buchautor John Kotre unterscheidet insgesamt vier Formen von Generativität:

- Die **biologische Generativität** meint Schwangerschaft und die Geburt von Kindern.
- Die **elterliche Generativität** beinhaltet (zumeist leibliche) Elternschaft und Kindererziehung sowie die Weitergabe von Werten und Traditionen der Familie, mit dem Ziel, die Kinder in die Gesellschaft einzuführen.
- Die **technische Generativität** umfasst die Weitergabe von Wissen und Können, von bestimmten Fertigkeiten und Techniken durch Lehrer, Trainer und Mentoren an Menschen, die davon profitieren können.
- Als vierte Form schließlich nennt Kotre die **kulturelle Generativität.** Hier werden Überzeugungen, Werte und Theorien an die nächste Generation weitergegeben. Dies entspricht auch dem, was George E. Vaillant mit »Bewahren des Sinns« bezeichnet hat.

Generativität umfasst somit auch den Schutz und die positive Fortentwicklung der Lebensbedingungen. Sie ist also für das weitere Bestehen und die Zukunft einer Gesellschaft unbedingt notwendig. Was wir heute als unsere persönlichen Vorzüge und Qualitäten empfinden, baut auf das auf, was zuvor an uns weitergegeben wurde – von den Eltern, von Lehrern, Vorbildern und Mentoren. All das Positive, das wir von den Generationen vor uns übermittelt bekamen, bewusst zu würdigen, wird meist auch als sinnstiftend empfunden. Was wir heute sind und was wir uns erworben haben, verdanken wir nicht allein uns selbst. Vielmehr haben uns immer wieder andere Menschen ein Stück des Weges begleitet und unterstützt, bis wir dahin gekommen sind, wo wir uns jetzt befinden. Wenn wir älter werden, wird es uns immer deutlicher, wie sehr wir glückliche Zeiten und positive Entwicklungen anderer Menschen zu verdanken haben.

Impuls 31:
Wertvolles weitergeben

Haben Sie schon einmal daran gedacht, was alles Sie selbst an Ideen, Bestärkung, Unterstützung, Anregung bekommen haben, an Dingen, die Ihnen hilfreich auf Ihrem Lebensweg waren und sind? Was Sie unterstützt, inspiriert und Sie herausgefordert hat, Ihre Stärken zu entwickeln? Und was Sie selbst gerne an andere weitergeben würden? Was von Ihnen bleiben soll, wenn Sie einmal nicht mehr sind?

Überlegen Sie:

- *Was alles ermöglicht es Ihnen, Ihr Leben so zu führen, wie Sie es führen? Welche Förderungen und Entwicklungsmöglichkeiten konnten Sie nutzen? Wem ist das zu verdanken?*

....

- *Was haben Sie von Ihren Eltern und anderen Vorfahren mit auf den Weg bekommen, was Ihr Leben bereichert und Ihre Entwicklung befördert hat?*

....

- Wer waren Ihre Lehrer, Mentoren und Vorbilder? Wer hat Ihr Denken und Ihre Weltsicht geprägt – und wie, wodurch ist dies geschehen?

....

- Welches Ereignis bzw. welche Situation hatte nachhaltig den positivsten Einfluss auf Ihr Leben? Wer war daran beteiligt und wie?

....

- Welche Ihrer Fähigkeiten und Fertigkeiten möchten Sie selbst gerne weitergeben?

....

- Welche Überzeugungen und Werte sind Ihnen besonders wichtig? (Betrachten Sie dazu auch Ihre Ergebnisse aus der Übung »Sinn-Dimensionen und persönliches Empfinden«, S. 148ff.) So wichtig, dass Sie sie auch anderen lehren oder sie daran teilhaben lassen möchten?

....

- Was von Ihren Gedanken, Ideen oder auch Werken sollte in der nächsten Generation fortleben?

....

- *Fünf Ideen dazu, wie Sie Ihre Fähigkeiten und Fertigkeiten, Ihre Überzeugungen und Werte, Ihre Gedanken, Ideen und Werke fortleben lassen können:*

  1. ....

  2. ....

  3. ....

  4. ....

  5. ....

Schreiben Sie auf, was Sie in Ihrem Leben bewirken, was Sie an andere weitergeben wollen. Egal, in welcher Größenordnung sich das abspielt und an wen sich dieses Anliegen richtet. Was möchten Sie durch die Weitergabe Ihres Wissens und Könnens zum Blühen bringen? Möchten Sie dadurch die Welt etwas besser wieder verlassen, als Sie in sie hineingeboren wurden?

Nach Ansicht der Persönlichkeitspsychologin Tatjana Schnell, Universität Innsbruck (Seite 144f.) erfahren wir unser Leben als umso sinnstiftender, je deutlicher wir es in einem übergeordneten Zusammenhang sehen können und dann Verantwortung übernehmen. Als wichtigste Sinnquelle überhaupt betrachtet auch sie dabei die Generativität: Indem wir etwas von bleibendem Wert für andere tun oder schaffen, indem wir den reichen Schatz unserer Lebenserfahrung, all unser Wissen und Können und unsere erworbenen Fertigkeiten weitergeben an kommende Generationen, finden wir Sinn und Erfüllung im Leben.

Jeder ist Teil des Ganzen

Das Gefühl der Verbundenheit mit etwas, das über die individuelle Existenz hinausweist – mit der Natur, mit dem Göttlichen oder dem Universum – gehört seit Jahrtausenden zum Menschsein mit dazu. Ein solches Erleben der Transzendenz ist gleichzeitig auch eine Heilungsressource, die mit Achtsamkeit, Gebet, Meditation oder Ritualen gefördert werden kann. Auch wenn wir uns mit unserem Lebensstil sehr von ihren Rhythmen entfremdet haben, ist und bleibt die Basis unserer Lebenskraft die Natur.

Wie verschiedene Studien belegen, beeinflussen der Aufenthalt an der frischen Luft und das hautnahe Erleben von Landschaft und Natur unsere Stimmungslage und unsere Psyche positiv. Das Wahrnehmen von Wald und Wiesen, von Bergen, Flussläufen und Seen unterstützt uns dabei, unsere Kräfte auf natürliche Weise zu erneuern. Zum Himmel schauen, die Wolken betrachten, dem Zwitschern der Vögel lauschen, den Duft der Blumen einatmen, den Wind auf der Haut spüren, winzige Krabbeltierchen beobachten, den Blick immer wieder in die Weite schweifen lassen – das alles lässt uns zur Ruhe und zurück in unsere innere Mitte kommen. Selbst ein kleiner Spaziergang im Park, bei dem wir bewusst die Bäume, Sträucher, Gräser und Blumen wahrnehmen, hat schon einen harmonisierenden Effekt. Draußen in der Natur erleben wir uns als Teil eines größeren Ganzen, als ein Lebewesen unter vielfältigen anderen Lebensformen – religiöse Menschen sagen »als Teil der Schöpfung«.

Impuls 32:
Als Kind in der Natur

Nehmen Sie sich etwas Zeit und sorgen Sie dafür, ungestört zu sein. Erinnern Sie sich an ihre frühen Ausflüge, die Sie hinaus in die Natur führten. Versetzen Sie sich mental in die Zeit zurück, als Sie Ihre Umgebung ganz neu für sich entdeckten. Was waren Ihre ersten Erfahrungen? Machen Sie einen mentalen Spaziergang zurück in diese Zeit und nehmen Sie wahr, wo Sie sind und was Sie umgibt.

- *Was sehen Sie? Was von dem, was Sie sehen, fasziniert Sie besonders?*
- *Was hören Sie? Welche unterschiedlichen Stimmen, Laute und Geräusche dringen an Ihr Ohr?*
- *Welche Gerüche gibt es?*
- *Gibt es einen bestimmten Geschmack, der für Sie mit dem Naturerleben verbunden ist?*
- *Was spüren Sie, während Sie sich draußen aufhalten? Wie geht es Ihnen, während Sie all dies wahrnehmen? Welche Gefühle steigen in Ihnen auf?*

Kommen Sie dann langsam aus Ihrer mentalen Erinnerungsreise zurück in die Gegenwart. Wenn Sie mögen, dann halten Sie Ihre Eindrücke schriftlich fest und überlegen Sie sich, ob Sie nicht einmal ganz real einen Spaziergang in der Landschaft machen wollen, an die Sie sich erinnert haben (sofern es sie noch gibt), oder in eine Landschaft, die dieser ganz ähnlich ist.

Eine Arbeit englischer Forscher der University of Essex in Colchester über den Aufenthalt in der Natur in Form von Spaziergängen, Wandern, Radeln, Fischen, Reiten und Gartenarbeit dokumentiert, dass bereits fünf Minuten Bewegung im Grünen die Stimmung deutlich aufhellen. In der seit 1998 jährlich erhobenen »Profilstudie Wandern« des Natursoziologen und Begründers des Deutschen Wanderinstituts Rainer Brämer, Universität Marburg, geben jeweils etwa drei Viertel der Befragten an, dass sie sich nach einer Wanderung körperlich wesentlich entspannter und auch psychisch deutlich ausgeglichener fühlen. Seiner Ansicht nach ist Wandern der beste Weg, unserer inneren und äußeren Natur ganz nahezukommen, da hierbei alle Sinne optimal angesprochen werden. Vielleicht hängt es mit der Entwicklung der Evolution zusammen, dass wir uns in Landschaften mit viel Grün besonders wohlfühlen. Auf der Suche nach Essbarem streiften unsere Vorfahren durch die Savannen und hielten Ausschau nach allem, was irgendwie nach Nahrung aussah. Bäche und Flüsse, grüne Hügel und saftige Weiden zeigten ihnen fruchtbares Land an, und genau diese Art Landschaft empfinden auch wir heute als einladend, erholsam und wohltuend.

Wer sich den ganzen Tag lang im voll klimatisierten Büro sitzend in virtuellen Welten bewegt, ist dem Verlangen nach Bodenhaftung und der Sehnsucht nach direktem Erleben ein Stück weit entwöhnt. Doch wenn wir Erde durch die Hände rieseln lassen und ihren würzigen Duft riechen, wenn wir auf der Kuppe eines Berges stehen und über Wälder, Wiesen und Täler blicken oder wenn wir die Rinde eines Baumes unter den Fingerkuppen spüren, sind wir auf einmal ganz »dabei«. Wir sind angekommen – in der Natur und auch in uns selbst, sodass wir uns selbst wieder als Naturwesen, als verbunden mit anderen Wesen begreifen.

Impuls 33:
Spür-Spaziergang

Besuchen Sie regelmäßig bestimmte Plätze in der freien Natur, Orte, von denen Sie sich besonders angesprochen fühlen – das kann ein einzelner Baum sein oder auch ein Wald, ein See oder ein Bach, ein Hügel oder eine Wiese. Richten Sie sich dabei ganz nach Ihrem Gefühl.

Lassen Sie schon auf dem Weg dorthin alles Alltägliche hinter sich. Wenn Ihnen Gedanken an die Arbeit oder an Probleme, die Sie gerade zu lösen haben, in den Kopf kommen, dann sagen Sie innerlich »Stopp« und richten Sie Ihre Aufmerksamkeit bewusst nach außen, auf Ihre sinnliche Wahrnehmung. Was hören und sehen Sie gerade, wie ist die Temperatur, spüren Sie die Sonne oder den Wind? Wenn Sie angekommen sind, dann bleiben Sie stehen oder setzen Sie sich hin und genießen Sie es einfach, an diesem Ort zu sein. Nehmen Sie die Gegenwart des Baumes, des Baches, eben des Mit-Lebewesens, das Sie aufgesucht haben, bewusst wahr. Atmen Sie ruhig ein und aus und spüren Sie, dass Sie dieses stete Ein und Aus, diesen rhythmischen Wechsel mit allen Lebewesen teilen. Bleiben Sie eine Weile dort und spüren Sie dem Rhythmus Ihres Atems nach.

Bevor Sie sich wieder auf den Heimweg machen, verneigen Sie sich leicht und sprechen Sie – inwendig oder auch laut – einen Dank aus. Für die Erfahrung, die Sie gerade gemacht haben, und auch dafür, dass Sie hier und heute lebendig sind. Richten Sie den Dank an Gott, an die Natur, an das Universum oder an eine ganz unbestimmte Adresse, je nachdem, was stimmig für Sie ist.

Wenn Sie regelmäßig Ihren besonderen Platz in der Natur aufsuchen, erleben Sie, wie er sich im Jahreslauf verändert – und doch der gleiche bleibt.

Das bewusste Zuwenden zur Natur draußen und zur Natur in uns selbst kann uns nicht nur Kraft und Auftrieb für den Alltag geben, sondern auch unser Sinn-Erleben intensivieren. Nach einigen zurückgelegten Kilometern ist das Gehen schon zu einer Form aktiver Meditation geworden. Wir haben dann das Gewohnte, Alltägliche hinter uns gelassen, spüren nur noch den Rhythmus unserer Schritte, denken wenig und sind nur wir selbst.

So führt die Sehnsucht nach Natur-, Sinn- und Selbsterfahrung immer mehr Menschen in die Berge, ans Meer oder in die Wildnis. Tausende pilgern jedes Jahr über den Jakobsweg. Andere nehmen sich eine Auszeit und üben sich im Überleben fern der Zivilisation.

Die Bewegung »Zurück zur Natur« ist zwar keineswegs neu, doch das Bedürfnis danach, wieder zurück zu den eigenen existenziellen Wurzeln zu kommen und die Natur als heilsamen Erfahrungsraum zu erleben, nimmt stetig an Bedeutung zu.

So hat sich »Natur erleben« in den letzten 20 Jahren zum führenden Urlaubsmotiv entwickelt und an der Spitze der Liste der als sehr wichtig eingestuften Gesichtspunkte für die Wahl des Wohnorts bzw. der Wohnumgebung steht »Nähe zur Natur«. Und es scheint uns ausgesprochen gutzutun, wenn unser Wohnumfeld einen Bezug zur Natur hat.

Wer in einem begrünten oder grünflächennahen Wohnbezirk lebt, bleibt längerfristig gesehen gesünder und pflegt bessere Kontakte zu seinen Nachbarn. »Grünnah« Wohnende vermögen auch persönliche Probleme und Konflikte nachhaltiger zu lösen, ihr Familienklima gestaltet sich friedlicher. Sogar die Kriminalitätsrate in durchgrünten Wohnbezirken ist niedriger – und dies ganz unabhängig vom sozialen Status. Naturnähe scheint das Gute und Verbindende im Menschen zu fördern. Das deckt sich

auch mit den Erfahrungen, die man mit Kindern in Waldkinder-
gärten gemacht hat. Im Vergleich zu den Kindern, die normale
Regelkindergärten besuchen, fallen sie nicht nur durch größere
Kreativität und ausgeprägtere motorische Fähigkeiten auf, sondern verfügen auch über stärker ausgebildete soziale Kompetenzen und zeigen eine geringere Neigung zu spontaner Aggressivi-
tät.

Diese und etliche ähnliche Untersuchungen zeigen, dass es sich
dabei nicht nur um subjektive Erfahrungen, sondern um wissen-
schaftlich belegte Beobachtungen handelt. Der Natur nahe zu
sein tut also nachweisbar gut. Umso wichtiger ist es, dass wir, wo
immer wir die Gelegenheit dazu haben, ins Freie gehen und die
Pflanzen- und Tierwelt bewusst erleben.

Wenn wir achtsam in die Natur gehen und offen allem begegnen, was wir auf unserem Weg sehen, hören und spüren, erleben
wir uns auf eine neue Weise. Wir erfahren uns selbst in einem
Zusammenspiel und Wechselspiel von innerer und äußerer Welt.
Wie Untersuchungen zeigen, fühlen wir uns dann besonders
wohl draußen, wenn die Landschaft abwechslungsreich ist, wenn
sie einen Kontrast zum Alltag bietet, viele Tiere beheimatet und
einen unberührten Eindruck macht. Außerdem ist es positiv,
wenn die Umgebung die Möglichkeit bietet, Veränderungspro-
zesse zu beobachten und mit den eigenen Gedanken ins Reine zu
kommen.

Pflanzen, Tiere, Steine, Wasser, Licht – sie werden uns zu Spie-
geln und zu Symbolen für Erinnertes, Erhofftes und Loszulassen-
des. Aufenthalte in der freien Natur erleben wir als beglückend,
sinnstiftend und heilsam. Wir lernen die Natur immer besser
kennen. Sie wird uns vertraut und dies erleichtert es uns, uns verbunden zu fühlen mit allem Lebendigen, allem Existierenden,
der Schöpfung, Pflanzen, Tieren und anderen Menschen. Die

sich entwickelnde Einfühlsamkeit bewirkt auch, dass wir Veränderungen – größere und auch ganz kleine – immer deutlicher registrieren. Gestern war die Ulme noch völlig grün, heute bemerken wir kleine Verfärbungen an einzelnen Blättern, die schon Vorboten des Herbstes sind. Oder wir erleben, wie der Schnee Tag für Tag mehr schmilzt und sich schließlich das erste Grün zeigt. Wir sind Bestandteil des Ganzen, keine Frage – wir denken nur im hektischen Alltag selten daran. Auch wer dem Wandern kaum etwas abgewinnen kann oder es als zu anstrengend betrachtet, sich längere Zeit zu Fuß fortzubewegen, sollte sich so oft wie möglich draußen in der freien Natur aufhalten. Schon die Sinneswahrnehmungen dort, das, was wir in einem Wald, einem Park oder auf einer Wiese sehen, hören, riechen und spüren, tut Körper, Geist und Seele gut.

GEBORGEN IM WIR

In diesem Kapitel erfahren Sie, weshalb ein aktives, erfülltes Sozialleben ein wesentlicher Faktor für die Lebenszufriedenheit ist.

Dazu erkunden Sie zunächst Ihre persönlichen Beziehungen und überlegen sich, welche Kontakte Ihnen guttun und welche nicht und warum das so ist.

Dann reflektieren Sie, was bindungsfördernde Denk- und Verhaltensweisen sind und was dem Gedeihen einer Beziehung entgegensteht.

Anschließend setzen Sie sich mit dem Thema Erwartungen auseinander – Erwartungen, die andere an Sie haben, und Erwartungen, die Sie selbst anderen gegenüber hegen.

Das Resonanzprinzip zeigt Ihnen anschaulich in Theorie und Praxis, wie Aktion und Reaktion aufeinander aufbauen und was Sie selbst tun können, um positive Aktion-Reaktion-Schleifen in Gang zu setzen.

Sie erhalten einen Eindruck davon, wie weitreichend Empathie und Hilfsbereitschaft unser Wohlbefinden positiv beeinflussen und machen praktische Erfahrungen mit der Love-and-Kindness-Meditation.

Abschließend erkunden Sie die breite Vielfalt des ehrenamtlichen Engagements und erfahren, was möglich ist, um theoretische Überlegungen in praktisches Handeln zu verwandeln.

Warum Freunde uns guttun

Wie am Anfang dieses Buches beschrieben, versucht die Glücks-
forschung regelmäßig, eine Rangfolge der glücklichsten Nationen
zu erstellen und zu ergründen, welche Faktoren dieses Glück bewirken. Was können wir von den glücklichsten Menschen der
Welt lernen – außer dass es nicht unbedingt das Geld ist, das einen Freifahrtschein zum glücklichen Leben liefert? Was wird von
den Menschen in den Nationen, die im Glücksindex ganz oben
stehen, neben der Fähigkeit, gute Gefühle zu erleben, eine Arbeit
zu haben, die zu den eigenen Fähigkeiten, Talenten und Vorlieben passt, und Sinn im eigenen Leben zu finden, noch als besonders beglückend erlebt? Gute soziale Beziehungen!

Befriedigende soziale Kontakte steigern die Lebensqualität
ganz erheblich. »Menschen sind am zufriedensten, wenn sie von
Freunden umgeben sind«, fasst der an vielen Glücksstudien beteiligte Soziologe Bruce Headey von der Universität Melbourne
die Untersuchungen zur Beziehung zwischen Glück und Soziallе-
ben zusammen. Freundschaften, Partnerschaften, ein guter Kontakt zu den eigenen Kindern, ein harmonisches Betriebsklima–
dies gibt uns das Gefühl, am »richtigen Platz« zu sein. Niemand
lebt ganz für sich, sondern jeder ist in irgendeiner Weise Teil einer Gemeinschaft und letztlich auch Teil des Ganzen. Um uns
herum sind andere Menschen, die uns als Person, aber auch unsere Lebensbedingungen, unsere Umgebung und die Lebensumstände beeinflussen.

Zuneigung, Sympathie, Freundschaft, Gespräche, Liebe, Geborgenheit – all das vermögen wir nur im Austausch mit anderen
zu erleben. Nur zu zweit können wir Leben weitergeben, nur als
Gemeinschaft können wir Zivilisationen hervorbringen. Uns zugehörig zu einem anderen Menschen, zu einer Gruppe oder grö-

ßeren Gemeinschaft zu fühlen ist ein starkes menschliches Grundbedürfnis. Keine Wurzeln zu spüren und sich ausgeschlossen oder »anders« zu fühlen bedeutet nicht nur Stress für Körper und Seele, sondern lässt uns auch am Sinn unseres Daseins zweifeln. Nicht umsonst gilt ein schwaches oder gänzlich fehlendes Zugehörigkeitsgefühl auch als einer der Schlüsselfaktoren für Depressionen. Wer sich zu sehr und zu lange nur mit sich selbst beschäftigt, sieht auch irgendwann nur noch die eigene Sichtweise als »wahr« an. Dann zählen nur noch die eigenen Bedürfnisse, Gefühle und Werte und man ist zusehends weniger bereit, sich auf andere offen einzulassen.

Fühlen wir uns hingegen zugehörig und verbunden, sind wir eher bereit, zu geben und etwas zum Ganzen beizutragen. Wir übernehmen so auch leichter Verantwortung für unser eigenes Wohlergehen, für andere Menschen und für die Schöpfung.

Schon zu der Zeit, als der Mensch noch durch die Savannen streifte, war die Sippe der wichtigste Bezugspunkt. Damals war es überlebenswichtig dazuzugehören. Alleine in der Wildnis zu leben, senkte die Überlebenschancen deutlich. Auch im heutigen Zeitalter der sich ausbreitenden Single-Haushalte ist das Gefühl der Zugehörigkeit für die meisten Menschen einer der wichtigsten Einflussfaktoren bei Entscheidungen. Wir bemühen uns um Wertschätzung, Liebe und Anerkennung anderer, entwickeln Interessen und Fähigkeiten, um anderen zu gefallen und Erlebnisse mit ihnen zu teilen. Die wohl stärksten Glücksgefühle erleben wir zusammen mit anderen, im gemeinsamen Erleben, im Austausch über Gedanken und Gefühle, im Geben und Nehmen, im Staunen über das, was verbindet, und auch über das, was beim anderen ganz anders ist. Freundschaften, gute Bekanntschaften oder die Mitgliedschaft in einem Netzwerk werden von der Gewissheit durchdrungen: »Es gibt Menschen, die mir wichtig sind und denen ich wichtig bin.« Das fühlt sich gut an. Und auch der größte Eigenbrötler hat ab und zu das Bedürfnis, sich mit anderen auszutauschen.

Impuls 34:
Wie sehen Sie sich selbst in Ihren Beziehungen?

Nehmen Sie sich wieder etwas Zeit für sich selbst und halten Sie Stift und Papier bereit. Sorgen Sie dafür, nicht gestört zu werden.

Denken Sie nun an Menschen, mit denen Sie im Alltag besonders häufig zu tun haben – beruflich und privat. Machen Sie sich dann Notizen zu den nachfolgenden Fragen:

* *Mit wem sind Sie gerne zusammen und freuen sich auf jedes neue Zusammensein?*

....

* *Warum ist das so? Was erleben Sie als besonders angenehm?*

....

* *Mit wem sind Sie ungern zusammen und vermeiden den Kontakt oder reduzieren ihn auf das Nötigste?*

....

* *Warum ist das so? Was erleben Sie als besonders anstrengend, ärgerlich oder niederdrückend?*

....

- *In welchen Ihrer Beziehungen sind Geben und Nehmen im Einklang? Wo gibt es Asymmetrien (Sie geben mehr, als Sie erhalten, oder umgekehrt)? Wenn ja, wo sind diese okay für Sie und wo macht Ihnen das Ungleichgewicht zu schaffen?*

....

- *Betrachten Sie die Namen, die Sie zu den einzelnen Fragen notiert haben:*
  - *Wem gegenüber können Sie offen Wünsche und Bedürfnisse äußern?*
  - *Und: Kennen Sie auch die Wünsche und Bedürfnisse der jeweiligen Person?*

....

- *Wie zufrieden sind Sie damit,*
  - *Ihre eigenen Wünsche und Bedürfnisse erfüllt zu bekommen?*
  - *die Wünsche und Bedürfnisse anderer erfüllen zu können?*

....

- *Mit welchen Personen möchten Sie künftig mehr Kontakt haben? Mit welchen weniger Kontakt?*

....

- *Was werden Sie tun, um dies in die Tat umzusetzen?*

....

Es mag zwar nicht jeder und jede einen – passenden – Partner haben oder finden, gute Freundschaften jedoch vermögen wir alle aufzubauen und zu pflegen. Dabei ist natürlich die Qualität und nicht die Quantität entscheidend. 100 Freunde auf Facebook ersetzen eben nicht die gute Freundin, mit der wir Eis essen gehen und der wir auch einmal unser Herz ausschütten können, wenn etwas schiefgelaufen ist.

Wir erleben uns selbst im Kontakt zu anderen ganz anders, als wenn wir einzig um uns selbst kreisen. Andere Menschen geben uns die Möglichkeit, uns mit ihnen auszutauschen, mit ihnen erleben wir Spaß, erfahren Anregung, Geborgenheit und Sicherheit.

Impuls 35:
Wer Ihnen guttut

Nehmen Sie sich zehn Minuten Zeit und schreiben Sie zügig die Namen von Menschen auf, mit denen Sie gerne zusammen sind, die Ihnen zuhören und denen auch Sie gerne zuhören. Menschen, mit denen Sie gerne etwas unternehmen und mit denen Sie lachen können. Menschen, die Sie als zuverlässig erleben und auf die Sie zählen können. Menschen, deren Kontakt Ihnen Energie gibt, statt Ihnen Energie zu rauben. Menschen, die hilfsbereit sind und ein offenes Ohr haben, wenn Sie einen Rat suchen.

Erwarten Sie nicht, dass jemand all dies in seiner Person vereinigt. Würdigen Sie vielmehr diese unterschiedlichen Qualitäten an den verschiedenen Personen in Ihrer Familie, Ihrem Freundes- und Kollegenkreis.

Wenn Sie die Namen derer aufgeschrieben haben, die für Ihr Wohlbefinden wichtig sind, dann lesen Sie die Liste noch einmal aufmerksam durch, stellen Sie sich die Person vor, zu der der jeweilige Name gehört, und sprechen Sie einen Dank aus: »Danke, dass es dich gibt«.

Nachdem Sie allen gedankt haben, spüren Sie in sich hinein. Wie fühlen Sie sich jetzt?

Wohl fühlen wir uns dort, wo wir willkommen sind, wo wir mit unseren Vorlieben und Abneigungen auf Interesse stoßen, wo wir offen und authentisch sein können, wir Wertschätzung erfahren, ohne uns dies erst »verdienen« zu müssen. Damit ein gutes Miteinander auf Dauer gelingen kann, braucht es Empathie, Mitgefühl und Toleranz. Oft haben wir im Austausch mit jemandem, der sich für uns, unsere Probleme, Ideen und Vorstellungen interessiert und Fragen dazu stellt, plötzlich eine gute Idee. Vielleicht fällt uns die Lösung für etwas ein, das uns schon länger beschäftigt hat. Beim Schmoren im eigenen Saft hätten wir diesen Impuls nicht erhalten. Erst durch unser aufmerksames und zugewandtes Gegenüber sortieren sich unsere Gedanken neu, während wir sprechen.

»Es wird immer gleich ein wenig anders, wenn man es ausspricht.«

Hermann Hesse

Wie jeder Garten Pflege braucht, wollen auch Freundschaften gepflegt sein. So sind die Aufmerksamkeit und Präsenz, die wir uns vom anderen wünschen, nie als Einbahn-, sondern stets als

Zweibahn-Straße gedacht. Wer diese Qualitäten erleben will, ist gehalten, auch dem anderen das zu bieten, was er selbst als wohltuend erlebt. So sind wir gefordert, uns auch selbst für den anderen als Person zu interessieren, ihm zuzuhören, uns in ihn und seine Sichtweisen hineinzudenken und Wertschätzung zu zeigen. Nur so kann es auf Dauer funktionieren.

Was am stärksten verbindet, ist gemeinsames Erleben. Halten Sie nach möglichen Aktivitäten Ausschau, die Sie mit anderen teilen können: einen Vortrag anhören, ins Kino oder ins Theater gehen, an einem besonderen Event teilnehmen, gemeinsam essen, spazieren gehen, wandern ... was auch immer.

Zweckfreundschaften, bei denen ein bestimmter Nutzen im Vordergrund steht, sind natürlich auch eine gute Sache. Wenn es jedoch darüber hinaus nur wenig Verbindendes gibt, ist es meist so, dass sie sich auflösen, wenn der gemeinsame Nutzen nicht mehr gegeben ist.

Es gibt zahlreiche Untersuchungen darüber, warum manche Freundschaften Jahrzehnte halten und andere schon nach ein paar Monaten schwächeln. Besonders wichtige Größen für die Beständigkeit scheinen Selbstwertgefühl und Wertschätzung zu sein. Dabei geht es offenbar weniger um Bekenntnisse wie »Du bist mir viel wert, deswegen will ich den Kontakt zu dir«, sondern mehr um Einstellungen wie »Du bist jemand, bei dem ich mich wohlfühle, ich spüre, dass ich dir etwas bedeute, dass du mich schätzt und magst.« Was zunächst nur egoistisch klingt, ist durchaus legitim. Als soziale Wesen haben wir alle ein Grundbedürfnis nach Beachtung. Wenn es wechselseitig zum Tragen kommt, ist das durchaus sinnvoll und jeder der Beteiligten erhält positive Signale. Dies trägt auch dazu bei, dem hauptsächlichen Anspruch an Freundschaften – und auch an Partnerbeziehungen – gerecht zu werden: der Gleichklang der eigenen persönlichen Entwicklung mit der Entwicklung des anderen. Wenn wir also hin und wieder durch Gesten, kleine Aufmerksamkeiten und natürlich durch Freude über die gemeinsam verbrachte Zeit zum Ausdruck bringen, dass wir uns wohlfühlen, dann ist dies automatisch für beide beglückend.

Impuls 36:
Der Dankesbrief

Nehmen Sie sich eine Viertelstunde Zeit und sorgen Sie dafür, ungestört zu sein. Schreiben Sie in dieser Zeit einen Brief an eine Person, die in Ihrem Leben eine wichtige positive Rolle gespielt hat, der Sie aber bisher nicht für das gedankt haben, was Sie Gutes durch sie erfahren haben.

Erklären Sie in diesem Brief der Person, welchen Einfluss sie durch ihr Vorbild und ihr konkretes Handeln auf Ihr Leben hatte. Wenn die Person noch am Leben ist und es für Sie stimmig ist, schicken Sie diesen Brief an sie ab. Oder verabreden Sie sich mit ihr, ohne den genauen Grund zu nennen, und lesen Sie ihr beim gemeinsamen Treffen den Brief vor.

Falls die Person nicht mehr am Leben ist, rufen Sie Ihre Erinnerung an die Person wach und stellen Sie sich vor, dass die Person Ihnen gegenübersitzen würde. Halten Sie eine innere Zwiesprache mit ihr und lesen Sie der vorgestellten Person den Brief vor.

Dankbarkeit ist eines der stärksten verbindenden Gefühle, die wir kennen.

»Freundschaft heißt vergessen, was man gab,
und in Erinnerung behalten, was man empfing.«

Alexandre Dumas

Viele Freundschaften fangen an zu kränkeln, wenn die Erwartungen zu hoch geschraubt werden und sich einer von den Ansprüchen des anderen überfordert fühlt. Wir dürfen nicht vergessen, dass auch in einer engen Freundschaft jeder Mensch ein Mensch für sich ist, mit eigenen Interessen, Ängsten, Wünschen und Macken – ein eigenes kleines Universum. Deswegen ist es hilfreich, zumindest die eigenen Erwartungen an andere immer mal wieder zu hinterfragen und manche auch zu reduzieren. Dabei kann die nachfolgende Übung Sie unterstützen:

Impuls 37:
Eigene Erwartungen prüfen

Nehmen Sie sich wieder eine Viertelstunde Zeit und sorgen Sie dafür, ungestört zu sein. Denken Sie an einen guten Freund/eine gute Freundin. Was erwarten Sie von ihm/von ihr? Was ist Ihnen wichtig, dass der andere sagt oder tut? Wie sollte er/sie sich verhalten? Denken Sie an verschiedene Situationen, in denen Ihnen bestimmte Reaktionsweisen des anderen wichtig sind. Welche sind das? Machen Sie dies am besten schriftlich. Notieren Sie einige Ihrer Erwartungen.

Ich erwarte, dass er/sie ....

Ich erwarte, dass er/sie ....

Ich erwarte, dass er/sie ....

Dann drehen Sie den Spieß um und richten die Aufmerksamkeit auf sich selbst. Stellen Sie sich vor, der/die andere hätte genau diese Erwartungen an Sie.

Du erwartest von mir, dass ich ....

Du erwartest von mir, dass ich ....

Du erwartest von mir, dass ich ....

Könnten Sie diese Erwartungen erfüllen?   *Ja / Nein / zu .... Prozent*

Wiederholen Sie die Übung, indem Sie eine andere Freundin/einen anderen Freund vor Ihr geistiges Auge holen und die gleichen Fragen stellen. Gibt es Unterschiede? Wenn ja, welche?

Oft haben wir an verschiedene Personen ganz unterschiedliche Erwartungen und schätzen in Bezug auf das jeweilige Gegenüber auch unterschiedlich ein, was wir selbst bereit sind, für den anderen zu tun.

Genauso wichtig, wie die eigenen Erwartungen zu hinterfragen, ist es, dem anderen offen und freundlich zu signalisieren, wenn wir uns von dessen Erwartungen überfordert fühlen. Vielleicht war es ihm oder ihr ja gar nicht bewusst, fordernd aufgetreten zu sein. Wenn uns an der Freundschaft etwas liegt, ist dies das Beste, um Verstimmungen aufzulösen und entstandenen Unmut nicht weiter anwachsen zu lassen. Es ist viel besser, als einfach nur schweigend den Rückzug anzutreten und Gefahr zu laufen, dass die Freundschaft sich auflöst. Dies wäre ein zu hoher Preis nur für etwas mehr Freiraum.

Enge Freundschaften und vertrauensvolle Bindungen ermöglichen uns schöne und bereichernde Erlebnisse. Mit anderen zusammen können wir Seiten an uns ausleben, die wir im Alleingang oft
nicht zeigen können, z. B. kindliche Freude, Schlagfertigkeit, sport-
liche Fähigkeiten im Team, bestimmte kommunikative oder auch
Problemlöse-Kompetenzen. »Gute Gefühle sind kein Soloprojekt.
Natürlich kann ein Wochenendtrip allein große Freude bereiten.
Doch die intensivsten Gefühle erleben wir gemeinsam mit anderen«, dieser Meinung ist auch die Psychologin Barbara Fredrickson.
Etwas mit anderen zu teilen stärkt das Gefühl der Zugehörigkeit. Es
verbindet, Ereignisse, Vorstellungen und Träume oder die konkrete
Umsetzung von Vorhaben gemeinsam mit anderen zu erleben, sich
in einer Gruppe als Teil des Ganzen zu spüren.

»Ein Freund ist jemand,
der dir hilft weiterzukommen.«

Royston Maldoom

Über die gleichen Dinge lachen, Rituale gestalten, gemeinsam
singen, miteinander feiern und tanzen, zusammen einen Sieg feiern oder die Bestürzung über eine Niederlage teilen – all das sind
Ausdrucksformen unseres Bedürfnisses nach Zugehörigkeit.
Wird dieses Bedürfnis erfüllt, fühlen wir uns glücklich und zufrieden. Wohl jeder kann aktiv werden, gemeinsam mit anderen
Erlebnisse und die Freude daran teilen und sich austauschen.
Und wann, wenn nicht jetzt, wäre ein geeigneterer Zeitpunkt, um
einfach damit anzufangen?

Wie wichtig gutes soziales Miteinander ist, belegt auch die
Grant-Studie, die Berühmtheit erlangt hat als eine der allerlängs-

ten Langzeitstudien überhaupt. Seit nunmehr über 75 Jahren begleiten George E. Vaillant und seine Kollegen von der Harvard University in Cambridge das Leben von 268 Absolventen der Jahrgänge 1939 bis 1945, die in Harvard studiert hatten. Die hauptsächliche Zielsetzung war und ist es herauszufinden, was ein als gelungen empfundenes Leben ausmacht. (siehe dazu auch S. 155f.) Heute sind die Studienteilnehmer, die noch am Leben sind, hoch in den Achtzigern. Sie alle nahmen in regelmäßigen Abständen an Befragungen und Interviews im Rahmen teil und unterzogen sich medizinischen Untersuchungen und psychologischen Tests. So entstand ein vielschichtiges Bild ihres Lebens. Als der mit Abstand wichtigste Faktor für ein als gelungen empfundenes Leben stellte sich die Bindung an andere heraus. Dabei war nicht in erster Linie die Ehe oder die Lebenspartnerschaft gemeint, sondern grundsätzlich die innere Einstellung zu anderen Menschen. Je empathischer, zugewandter und einfühlsamer sich jemand in Bezug auf andere zeigte, desto mehr Freude und Zufriedenheit empfand er auch. George E. Vaillant ist überzeugt, dass das tiefste Glücksempfinden in der echten und tiefen Bindung mit anderen Menschen entsteht.

Säen und ernten: Das Resonanzprinzip

Das Leben ist ein stetiges, ineinandergreifendes Geben und Nehmen. Auf Aktion folgt Reaktion, jeder Auslöser zieht eine »Antwort« nach sich, und diese Antwort wird als Aktion wieder zum Auslöser für eine neue Reaktion. »Wie du in den Wald hineinrufst, so schallt es zurück«, sagt schon der Volksmund. Das mag nicht immer so sein – manchmal bekommt man auf einen freundlichen Gruß keine freundliche Antwort, sondern nur ein muffliges Gesicht zu sehen – doch meistens trifft es zu. Wie wir mit anderen umgehen, beeinflusst deren Reaktion auf uns. Wir rufen ständig bewusst oder auch unbewusst etwas »in den Wald«, d. h. legen durch das, was wir sagen und tun, die Saat für entsprechende Reaktionen. Natürlich hängt die Resonanz nicht allein von uns ab, sondern es spielen immer auch Faktoren mit, die jenseits unseres Einflusses liegen. Doch häufig hat das, was wir als Reaktion »ernten«, erstaunlich viel mit dem zu tun, was wir vorher »gesät« haben.

»Sei du selbst die Veränderung,
die du dir wünschst für diese Welt.«

Mahatma Gandhi

Impuls 38:
Geben und nehmen

Das Resonanzprinzip gibt den Impuls, über sich selbst und den eigenen Lebensweg nachzudenken. Nehmen Sie sich wieder eine Viertelstunde Zeit und betrachten Sie noch einmal Ihre Antworten zu der Übung »Die Leitsterne in Ihrem Leben« (S. 91ff.). Machen Sie sich dann Notizen zu den folgenden Fragen:

- *Wie zufrieden sind Sie momentan mit Ihrer Lebensgestaltung? Mit dem, wie Sie wohnen, mit wem Sie zusammen sind, wie Ihr Alltag normalerweise abläuft? Wenn Sie dies wieder auf einer Skala von 1 (mies) bis 10 (super) bewerten – welche Zahl würden Sie – alles in allem – spontan wählen?*

- *Wie zufrieden sind Sie mit Ihrer Partnerschaft? Wählen Sie auch hier und bei den nachfolgenden Fragen spontan einen Wert auf der Skala von 1 bis 10 aus.*
- *Wie bewerten Sie Ihr Berufsleben? Sind Sie mit Ihrem Job und Ihrem Aufgabenfeld zufrieden oder hätten Sie gerne eine andere Arbeit?*
- *Wie sieht es mit Ihrem Einkommen und mit Ihrer finanziellen Situation generell aus?*

Wenn Sie alle vier Bereiche jeweils auf der Skala eingeordnet haben, dann fragen Sie sich:

- *Was habe ich selbst in die Welt gegeben und so dazu beigetragen, dass ich in dieser Situation bin? Was habe ich initiiert? Wem bin ich wie begegnet? Wo habe ich durch mein Verhalten Entscheidungen anderer beeinflusst, die dann wiederum auf mich und mein Leben Einfluss genommen haben?*
- *Wenn Sie niedrige Werte auf einer oder mehreren der Skalen haben, fragen Sie sich – ohne sich Vorwürfe zu machen –, wie Sie vielleicht durch ein anderes Verhalten eine bessere Situation hätten erreichen können. Machen Sie dies, um sensibler für die Wechselwirkungen des eigenen Denkens und Handelns mit dem anderer Menschen zu werden und zu erkennen,*
  - *was Sie heute in die Welt geben müssten, um eine positive Resonanz hervorzurufen, und*
  - *was Sie heute im eigenen Interesse nicht mehr in die Welt geben sollten, da es erfahrungsgemäß eine negative Resonanz für Sie haben wird.*
- *Experimentieren Sie damit, eine Woche lang jeden Tag bewusst fünf positive Impulse in die Welt zu geben, indem Sie jemandem*

*helfen, Wissen weitergeben, jemandem zuhören, Geld für eine
gute Sache spenden, sich bei jemandem entschuldigen, den Sie
verletzt haben, jemandem vergeben, der Sie verletzt hat usw.*

- *Ganz allgemein: Wenn Sie über besondere Kenntnisse oder über
  spezielle Fähigkeiten und Fertigkeiten verfügen, überlegen Sie
  sich häufiger als bisher, wie Sie damit andere Menschen unterstützen können.*

*Das Resonanzprinzip unterstützt Sie dabei, die Verantwortung für
sich und Ihr Leben besser zu erkennen und zu lernen, die Impulse in
die Welt zu geben, die die Wahrscheinlichkeit erhöhen, dass auch
von anderen Hilfreiches für Sie selbst zurückkommt.*

Aufgrund der Konzentration auf das Individuelle und der Fixie-
rung auf Konkurrenz und Wettbewerb als *den* Antrieb im Denken und Handeln von Menschen, wurde das Thema Altruis-
mus in der Wissenschaft lange vernachlässigt. Wer sich damit be-
schäftigte, galt bestenfalls als Exot, eher aber als nicht ernst zu
nehmender idealistischer »Gutmensch«. Dementsprechend rar
waren auch die Forschungsvorhaben, die sich mit altruistischen
Verhaltensweisen beschäftigten. Es entsprach nicht dem Zeitgeist,
mehr über die Grundlagen des harmonischen Zusammenlebens
von Menschen in Erfahrung bringen zu wollen. Stattdessen konzentrierten Medizin und Psychologie sich in den vergangenen
Jahrzehnten auf die Erforschung von Krankheiten und abwei-
chendem Verhalten.

In den letzten Jahren hat sich jedoch – nicht zuletzt dank der
Ergebnisse aus der Hirnforschung und der Etablierung der Posi-

tiven Psychologie – das Blatt gewendet. Neue Studien haben sich mit den spezifischen Auswirkungen von Empathie und Hilfsbereitschaft beschäftigt. Die Ergebnisse sind bemerkenswert: Freundlich und zugewandt zu sein, Mitgefühl zu zeigen und anderen zu helfen nützt nicht nur den Unterstützten, sondern trägt auch zum Wohlbefinden der Helfer bei. Wie der Bioethiker Professor Stephen Post von der Case Western Reserve University in Cleveland, Ohio, mit seinem Team herausgefunden hat, wirkt es sich positiv auf die physische und psychische Gesundheit aus, wenn jemand anderen etwas gibt – etwa in Form von Zeit, Geld oder persönlicher Zuwendung. Wie der Forscher dokumentierte, sind freigiebige Menschen glücklicher, physisch gesünder und weniger anfällig für Stress und Depressionen. Sie haben auch ein ausgeprägteres Selbstwertgefühl und eine höhere Lebenserwartung.

Die Forscher fokussierten sich dabei auf die »von Herzen kommende Großzügigkeit«, die anderen etwas Gutes tut, ohne einen Dank, eine Belohnung oder Entschädigung dafür zu erwarten. Natürlich löst die gute Tat beim Empfänger positive Gefühle aus, aber noch stärker wirkt die Geste auf den Spender selbst zurück.

Wenn wir andere unterstützen, setzt unser Gehirn Endorphine frei. Diese Endorphine sorgen für eine friedvolle und harmonische Stimmung, da sie schmerzlindernd, besänftigend und angstreduzierend wirken.

»Glück findet man nicht, wenn man ihm nachjagt, vielmehr ist es das zufällige Nebenprodukt, das entsteht, wenn man sich um andere kümmert.«

Stephen Post

Das Forscherteam um Stephen Post hat auch herausgefunden, dass es bei dieser körperlichen Reaktion auf die eigene Freigiebigkeit nicht um die konkrete Tat geht, sondern um das Motiv, das dahintersteht – wie »echt« also unser Wille ist, andere zu unterstützen. Wir müssen dabei unser Eigeninteresse nicht völlig vernachlässigen, aber das Hauptmotiv sollte sein, etwas *für den anderen* tun zu wollen.

Verhalten verändern heißt: Haltung verändern

Wer von früh an auf Konkurrenz und Wettbewerb gedrillt wurde und verinnerlicht hat, dass es nichts umsonst gibt, denkt oft auch »Jeder ist sich selbst der Nächste« oder »Der Mensch ist des Menschen Wolf« und Ähnliches. Er hat auch Dutzende von Erfahrungen parat, die die »Richtigkeit« seiner Sicht der Dinge belegen, und kann nur schwer akzeptieren, dass es daneben noch andere Wahrheiten geben könnte.

Wenn wir gewohnt sind, stets nach dem Gegenwert zu fragen – »Und was habe ich davon?«, »Und was kriege ich dafür?« kommt es uns fremd vor, einfach zu geben, ohne gegenzurechnen. Das Nützlichkeitsdenken zu reduzieren zugunsten einer dem anderen zugewandten, gebenden Haltung lässt sich lernen. Eine gute Möglichkeit dafür ist die Loving-Kindness-Meditation, die ursprünglich aus dem Buddhismus kommt und die Entwicklung einer freundlich-wohlwollenden Haltung zum Inhalt hat. Meditation als Methode der Versenkung in sich selbst wird traditionell in vielen Religionen gepflegt, ist jedoch weltanschaulich neutral. Beim Meditieren sind wir auf unser Selbst konzentriert und werden uns »unseres eigenen Bewusstseins bewusst«.

Die nachfolgende Meditation besteht aus vier Stufen. Beginnen Sie damit, die erste Stufe zu üben, bis Sie den Eindruck haben, dass Sie sie ganz mühelos ausführen können. Das kann Tage oder auch Wochen dauern. Es geht nicht darum, möglichst schnell alle vier Stufen zu absolvieren, sondern darum, Ihr Erleben zu intensivieren und sich selbst achtsam zu begleiten. Üben Sie die Stufe 1 täglich vier bis fünf Minuten, bis Sie die Übung in Ihren Alltag integriert haben. Fügen Sie dann Stufe 2 hinzu und dehnen Sie die Zeit auf sieben bis zehn Minuten aus. Später folgen dann Stufe 3 und 4, sodass Sie insgesamt 12 bzw. 15 Minuten üben. Sie können natürlich auch 20 Minuten oder eine halbe Stunde meditieren oder sich zweimal am Tag dafür Zeit nehmen. Probieren Sie aus, was für Sie am besten passt. Und selbst wenn es nur zehn Minuten täglich sind, werden Sie eine Wirkung erzielen. Wesentlicher als die Meditationsdauer ist die Regelmäßigkeit. Zehn Minuten am Tag bringen mehr als eine Stunde pro Woche.

Wichtig: Sie müssen auch nicht alle vier Stufen durchführen. Wenn Sie bis dahin kommen – wunderbar! Wenn nicht, ist das jedoch kein Grund, sich unzulänglich vorzukommen oder sich Vorwürfe zu machen.

Impuls 39:
Die Loving-Kindness-Meditation

Sorgen Sie dafür, ungestört zu sein. Setzen Sie sich auf einen Stuhl oder eine andere Sitzgelegenheit, die nicht zu weich ist. Achten Sie darauf, dass Ihr Rücken gerade ist.
Konzentrieren Sie sich zunächst auf Ihren Atem und beobachten Sie, wie die Luft durch die Nase ein- und ausströmt. Versuchen Sie nicht, Ihren Atem zu lenken, seien Sie sich einfach nur gewahr, wie Sie atmen.

Legen Sie dann eine Hand auf Ihr Herz und spüren Sie Ihren Herzschlag. Bleiben Sie eine Weile so: Ein- und Ausatmen, sich auf den
Herzschlag konzentrierend.
Stellen Sie sich nun vor, wie Sie Ihr Herz öffnen, um sich selbst und
anderen mit Liebe und Freundlichkeit zu begegnen.

1. Richten Sie nun zunächst Ihre Liebe und Freundlichkeit an sich
   selbst. Denken Sie an einen Wunsch, den Sie haben und der sich
   so allgemein formulieren lässt, dass Sie es auch anderen Menschen wünschen können. Gemeint sind Wünsche wie: »Möge ich
   glücklich sein.« – »Möge ich gesund bleiben.« – »Möge ich in
   Frieden leben.« – »Möge ich frei von Sorgen sein.«
   Indem Sie diese liebevollen Wünsche für sich selbst aufmerksam
   wiederholen und den Worten nachspüren, zeigen Sie sich selbst
   Wohlwollen und Empathie. Wenn Ihre Gedanken abschweifen,
   so führen Sie sie sanft zu den guten Wünschen zurück.
   Sollten während des Denkens dieser Wünsche Widerstände
   gegen den einen oder anderen Wunsch auftauchen, nehmen Sie
   dies wahr, ohne es zu bewerten oder zu hinterfragen. Betrachten
   Sie alle Gedanken und Gefühle, die während der Meditation
   auftauchen, aus der nicht-wertenden Position eines neutralen
   Beobachters/einer neutralen Beobachterin heraus: Es ist so, wie
   es ist.
2. Wechseln Sie die Perspektive. Richten Sie nun die guten Wünsche
   an eine Freundin oder einen Freund, jemanden, den Sie mögen
   und mit dem Sie sich verbunden fühlen. Stellen Sie sich die
   Person so genau wie möglich vor. Sobald Sie das Bild klar vor
   Augen haben, richten Sie die liebevollen Wünsche an diese
   Person: »Mögest du glücklich sein.« – »Mögest du gesund

bleiben.« – »Mögest du in Frieden leben.« – »Mögest du frei von Sorgen sein.«

Stellen Sie sich vor, wie Ihre guten Wünsche bei der Freundin/ dem Freund ankommen. Achten Sie auf das Gefühl, das in Ihnen selbst entsteht, während Sie ihm/ihr alles Gute wünschen.

Nehmen Sie dann innerlich Abschied von der Person und spüren Sie Ihrem Gefühl noch etwas nach.

3. *Richten Sie dann Ihre Gedanken auf eine neutrale Person, jemanden, den Sie nur flüchtig kennen, von dem Sie vielleicht auch den Namen nicht wissen. Stellen Sie sich die Person so genau wie möglich vor und richten Sie dann die guten Wünsche an sie:* »Mögen Sie glücklich sein.« – »Mögen Sie gesund bleiben.« – »Mögen Sie in Frieden leben.« – »Mögen Sie frei von Sorgen sein.«

   Achten Sie wieder auf das Gefühl, das in Ihnen entsteht, während Sie Ihre guten Wünsche an diese Person richten, und verabschieden Sie sie dann. Lassen Sie wieder das Gefühl in Ihnen etwas nachklingen.

4. *Wenn Sie sich dazu bereit fühlen, dann holen Sie nun eine Person in Ihren Gedanken- und Vorstellungsraum, mit der Sie Probleme haben oder die Sie als unangenehm empfinden. Sobald Sie sie deutlich vor Augen haben, wünschen Sie auch dieser Person alles Gute und verwenden Sie dazu die Sätze wie bei 2. oder 3. Achten Sie wieder darauf, was Sie fühlen. Es ist in Ordnung, wenn Sie dabei vielleicht deutlich weniger Zugewandtheit entwickeln als bei den Stufen 1 bis 3. Führen Sie die Übung einfach durch, so gut es eben möglich ist. Sollten Sie große Schwierigkeiten haben, sich auf diesen Teil der Übung einzulassen, so kehren Sie einfach zu einer der anderen Stufen zurück. Erzwingen Sie nichts.*

Beenden Sie die Meditation jeweils damit, dass Sie einige Male tief ein- und ausatmen, sich etwas rekeln und strecken, bevor Sie mit ihrer Aufmerksamkeit in das Hier und Jetzt zurückkehren.

Die Psychologin Barbara Fredrickson von der University of North Carolina, die seit über 20 Jahren die Wirkung positiver Gefühle erforscht, wollte wissen, ob und welche Veränderungen die regelmäßige Durchführung der Loving-Kindness-Meditation im Leben, Fühlen und Denken von Menschen bewirkt. Zu diesem Zweck initiierte sie ein mehrere Monate andauerndes Experiment, an dem 139 Probanden teilnahmen. Den Forschern gelang es nachzuweisen, dass Menschen, die die Loving-Kindness-Meditation langfristig anwenden, offener auf andere zugehen, sie umfassender und konzentrierter wahrnehmen und auf diese Weise auch selbst mehr Wertschätzung erfahren.

Etliche der Teilnehmer stellten nach drei Monaten fest, dass sich einiges in ihrem Denken und Fühlen verändert hatte :

- Sie empfanden sich als optimistischer.
- Sie sahen mehr Sinn in ihrem Leben und ihrem konkreten Tun.
- Sie waren körperlich gesünder und widerstandsfähiger gegen Infektionen.
- Sie zeigten eine höhere Aufmerksamkeit für gegenwärtige Ereignisse.
- Sie empfanden mehr Vertrauen und Liebe in ihren Beziehungen.

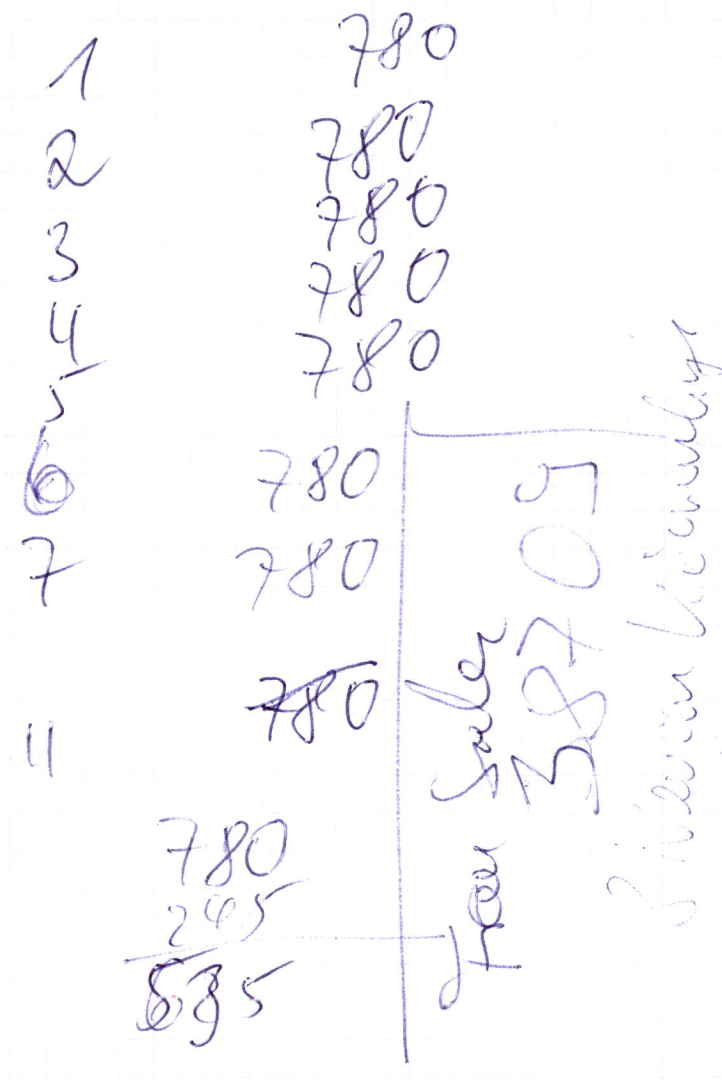

1
2
3
4
5
6
7

=

11

780

780
780
780
780

780

780

~~780~~

780
245
885

Spieler 5870 9

Auch andere Studien zur Wirkung der Loving-Kindness-Meditation oder von mentalem Training, das auf dieser Methode basiert, weisen nach, dass dadurch das Erleben positiver Emotionen und sozialer Verbundenheit im Alltag gesteigert wird. Vor allem wächst die Fähigkeit, Mitgefühl für andere zu empfinden, und auch die Motivation, anderen zu helfen, steigt. Das Verströmen von Liebe, Güte und Wohlwollen ist eng mit einer Veränderung des Selbst-Erlebens verknüpft und bewirkt auf diese Weise Wandlungsprozesse in Psyche, Geist und Körper. Diese positiv veränderte Ausstrahlung wiederum erhöht die Wahrscheinlichkeit einer wertschätzenden Resonanz bei unseren Mitmenschen.

Mit Menschen, die Güte und Wohlwollen ausstrahlen, kommen wir leichter in Kontakt als mit jenen, die uns gestresst, niedergeschlagen oder gekränkt erscheinen. Zumindest zum Teil ist diese Vorliebe angeboren oder geht auf frühe Prägungen zurück. Eine Studie der Psychologin Kristina Olson und ihrer Kollegen (Harvard University, Boston) weist nach, dass schon Kinder im Alter von fünf bis sieben Jahren sich deutlich stärker von Menschen angezogen fühlen, die glücklich sind oder glücklich wirken, als von jenen, die sich für Pechvögel halten.

Impuls 40:
Kleine Glücksimpulse

Die Wirkung der Loving-Kindness-Meditation lässt sich durch kleine positive Impulse im Alltag noch weiter unterstützen. Hier ein paar Beispiele zum Ausprobieren:

- *Sehen Sie Freundlichkeit und offenes Zugehen auf Ihr Gegenüber als Ihre eigene für den anderen völlig unverbindliche Einladung*

> an. Verbinden Sie keine Erwartung damit. Sie werden merken:
> Zwar werden längst nicht alle Einladungen angenommen, aber
> doch erstaunlich viele.
> * Lassen Sie beispielsweise einmal jemandem, den Sie schätzen,
>   einen Strauß Blumen zukommen, und bleiben Sie dabei anonym.
>   Schreiben Sie etwas Persönliches dazu, wie etwa »Für die
>   weltbeste Freundin«, »Für die Frau mit den Superideen« oder »Für
>   den kreativsten Problemlöser in der Firma«. Verzichten Sie jedoch
>   bewusst darauf, mit Ihrem Namen zu unterzeichnen. Stellen Sie
>   sich nach dem Versand einfach nur vor, wie sich die Person freut,
>   die die kleine Aufmerksamkeit entgegennimmt.

Sie können mehr gewinnen als verlieren, wenn Sie sich dazu entschließen, einem Menschen, den Sie mögen, etwas Gutes zu tun – auch und gerade dann, wenn Sie sich nicht als Wohltäter bzw. Wohltäterin outen.

So hat die kanadische Sozialpsychologin Elizabeth Dunn (University of British Columbia, Vancouver) mit ihrem Team in mehreren Studien herausgefunden, dass es einen Zusammenhang zwischen persönlich erlebten Glücksgefühlen und dem Ausgeben von Geld für andere gibt. In einem Experiment ließen die Forscher Umschläge mit Geld an 46 Versuchspersonen verteilen, immer mit der Maßgabe, den Geldbetrag innerhalb eines Tages auszugeben. Die Hälfte der Probanden war angewiesen, das Geld für sich selbst auszugeben, die andere Hälfte, mit dem Geld für jemand anders ein Geschenk zu kaufen oder das Geld zu spenden.

Ganz eindeutig waren am Ende des Tages diejenigen glücklicher, die den Geldbetrag für andere verwendet hatten. Die Forscher baten im Anschluss an das Experiment 100 außenstehende

Menschen einzuschätzen, was sie glücklicher machen würde: Geld für sich auszugeben oder Geld für andere auszugeben. Die Mehrzahl der Interviewten vermutete, glücklicher zu sein, wenn sie selbst von dem Geld profitierten.

»Wer Freude genießen will, muss sie teilen.
Das Glück wurde als Zwilling geboren.«

George Lord Byron

Weitere Versuche bestätigten dieses Ergebnis. Diejenigen, die ausschließlich an sich selbst dachten, waren offensichtlich weniger glücklich als diejenigen, die einen Teil ihres Geldes, ihrer Zeit oder auch ihrer Kenntnisse, Erfahrungen und Fähigkeiten mit anderen teilten. Dabei war es nicht entscheidend, über wie viel Geld jemand verfügte oder wie kompetent oder gut ausgebildet die jeweilige Versuchsperson war, sondern nur, wie der Betreffende mit dem, was er hatte, umging.

Elizabeth Dunn vergleicht die Auswirkungen des Gebens mit denen körperlicher Aktivität. Beides zieht sowohl kurzfristige als auch langfristige Effekte nach sich. Wer einmal schenkt, wird für kurze Zeit glücklich; wenn das Schenken hingegen ein Bestandteil des persönlichen Lebensstils wird, dann kann es für den Schenkenden auch nachhaltig wirken und die Lebenszufriedenheit steigern.

Andere Experimente dokumentieren, dass schon allein bei der Vorstellung, jemandem etwas zu schenken, ihm etwas Gutes zu tun oder ihn bei etwas zu unterstützen, Glückshormone im Gehirn ausgeschüttet werden.

Lebenszeit als Geschenk:
Engagement und Ehrenamt

Wer sich ehrenamtlich engagiert, übernimmt aus eigenem Entschluss Aufgaben, für die er nichts oder nur eine geringe Aufwandsentschädigung erhält. Um sich für das Wohlergehen anderer einzusetzen, stellt er seine Zeit, seine Energie und seine Fähigkeiten zur Verfügung.

Wenn wir andere beschenken und ihnen unser Wissen und Können zur Verfügung stellen, sind wir jedoch nicht nur glücklicher, sondern wir leben auch gesünder und länger. Dies haben verschiedene empirische Studien belegt. Es ist also gesund und macht lebensfroh, sich zu engagieren – sei es in Familie und Nachbarschaft, in Organisationen, Initiativen oder kulturellen, ökologischen oder sozialen Einrichtungen.

Wenn wir freigiebig sind und uns für andere einsetzen, können wir sogar mit einer höheren Lebenserwartung rechnen, auch dann, wenn wir erst spät im Leben damit beginnen, uns zu engagieren. Dies hat die Psychologin Stephanie Brown von der University of Michigan herausgefunden. An ihrer Studie nahmen über 400 ältere Paare über einen Zeitraum von fünf Jahren teil. Die Untersuchung ergab – nachdem sie von allen anderen möglichen Einflussfaktoren bereinigt waren – dass jene, die sich nicht engagierten, eine niedrigere Lebenserwartung hatten. Die Wahrscheinlichkeit, in der Zeitspanne der Untersuchung zu sterben, war bei den Unengagierten fast doppelt so hoch wie bei jenen, die sich in irgendeiner Form für andere einsetzten.

»Verantwortlich ist man nicht nur für das,
was man tut, sondern auch für das, was man nicht tut.«

Laotse

Um die Wirksamkeit des persönlichen Engagements für andere auf unser Wohlbefinden zu erfahren, hilft nur das praktische Experiment. Dann werden wir erfahren, dass

- wir mit anderen zusammen vieles erreichen können, was wir alleine nicht erreicht hätten, und durch das gemeinsame Handeln die Welt ein wenig besser machen,
- es wesentlich befriedigender ist, aktiv zu werden, als nur ein passiv bleibender Zuschauer zu sein,
- wir nach dem Resonanzprinzip positive Aufmerksamkeit erfahren, wenn wir anderen positive Aufmerksamkeit geschenkt haben,
- es sinnstiftend ist, entsprechend eigener Werte zu handeln,
- wir konkret etwas bewegen können, wenn wir uns für etwas engagieren und die Wirkung unseres Einsatzes ganz unmittelbar erfahren,
- sich uns vielfältige Lerngelegenheiten bieten – für neues Wissen, neue Perspektiven und Lernen durch Erfahrung,
- wir auf diese Weise auch neue, interessante Kontakte schließen und dass diese Kontakte zu Menschen, die sich für die gleiche Sache einsetzen, verbindet,
- wir in unserem Engagement vielleicht auch Fähigkeiten in uns entdecken, die uns bisher nicht bewusst waren,

- die Sicht auf die Probleme anderer dazu beitragen kann, eigene Probleme als weniger schlimm einzustufen.

Sich praktisch zum Wohle anderer zu engagieren hat also viele Vorteile für den, der sich dazu entschließt, tätig zu werden. Das zeigen auch die Ergebnisse einer deutsch-schweizerischen Studie. Wissenschaftler der Katholischen Universität Eichstädt und der Eidgenössischen Technischen Hochschule Zürich untersuchten die Motive für freiwilliges Engagement in unterschiedlichen Feldern: unter anderem in der Kulturarbeit, der Integration, im sozialen Bereich, im Umweltschutz, in Politik, Sport und Bildung. Dabei zeigte sich, dass zwei Motive für Hilfsbereitschaft ganz oben stehen und von den Befragten am häufigsten genannt wurden: zum einen das Bestreben, einen Beitrag zur sozialen Gerechtigkeit zu leisten, und zum anderen, etwas zu tun, was im Einklang mit den eigenen Werten steht (siehe dazu auch Kapitel 2).

Impuls 41: Wofür setzen Sie sich ein?

Überlegen Sie zunächst, von welchem Bereich Sie schon öfter gedacht haben: Hier müsste sich etwas ändern, hier müsste es bessere Lösungen geben, hier wird zu wenig getan, hier fehlt es an Menschen, die sich einsetzen. Überlegungen wie diese können der erste Schritt zu einem Engagement sein: Sie werden sich bewusst, wofür Sie sich gerne einsetzen möchten.
Durch die (möglichst schriftliche) Beantwortung der nachfolgenden Fragen lassen sich die potenziellen Einsatzgebiete für Ihr Engagement genauer bestimmen.

- *Was ärgert oder stört Sie immer wieder, was müsste dringend anders werden?*

  ....

- *Wo wäre es Ihrer Ansicht nach besonders Erfolg versprechend, aktiv zu werden?*

  ....

- *Was genau möchten Sie verändern helfen? Wo finden Sie dafür Gleichgesinnte?*

  ....

- *Was möchten Sie gerne mitgestalten?*

  ....

- *Welche Art Engagement finden Sie besonders interessant, sinnstiftend oder spannend?*

  ....

- *Gibt es ein Thema, das Sie immer schon beschäftigt hat (z. B. Tierschutz, Kulturarbeit, soziales Engagement etc.)?*

  ....

- *Gibt es Projekte, Vereine oder Organisationen zu diesem Bereich, in die Sie Ihre Ideen und Ihre Energie einbringen möchten?*

  ....

- *Wovon möchten Sie ein Teil sein?*

  ....

- *Wen möchten Sie unterstützen?*

  ....

- *Was genau möchten Sie am liebsten machen (mit Menschen arbeiten, anderen etwas beibringen, Geld spenden oder Sachwerte zur Verfügung stellen usw.)?*

  ....

Wenn Sie sich zusammen mit anderen engagieren, erfahren Sie, dass Ihr Handeln etwas bewirken kann – auch wenn vielleicht nicht alle Aktivitäten zielführend oder erfolgreich sein werden. Unabhängig vom Erfolg ist Ihr Engagement aber bedeutsam, denn es hat auch Einfluss auf das Leben von anderen.

Es ist nicht nur wichtig, sich darüber klar zu werden, wofür wir uns engagieren wollen, sondern auch zu überlegen, wie das Engagement konkret aussehen soll. Schon im engsten Umkreis lassen sich Möglichkeiten finden, sich zu engagieren. Manches davon gilt für viele als »selbstverständlich«, ist aber dennoch zum aktiven Engagement zu zählen, nachfolgend einige Beispiele:

- Familientage zu bestimmten Themen organisieren,
- sich um Kinder oder pflegebedürftige Angehörige kümmern,

- Treffen zu gemeinsamen Aktivitäten in der Nachbar-schaft oder im Stadtteil ausrichten, z. B. um gemein-sam Musik zu machen, zu singen, zu malen, kreativ oder biografisch zu schreiben,
- sich gemeinsam mit Nachbarn oder im Stadtteil für übergeordnete Ziele engagieren, wie etwa einen Stadtteilladen zu unterstützen, mehr Grün in das Wohnumfeld zu bringen, wertvolle alte Bausubstanz zu erhalten oder eine Secondhand-Börse einzurichten.

Vielleicht können Sie sich auch als Familie oder als Gruppe von Freunden für ein gemeinsames Ziel engagieren. Zudem gibt es natürlich eine Vielfalt von Vereinen, Verbänden, Parteien und Organisationen, in denen Sie sich mit Ideen und Tatkraft einbrin-gen können. Als Gruppe kann man hinsichtlich der Vorhaben, die einem am Herzen liegen, zumeist mehr bewirken denn als Einzelperson. Wir erleben Sinn und Erfüllung dann besonders intensiv, wenn wir mit anderen zusammen auf ein Ziel hinarbei-ten, dabei das Gefühl haben, einen wertvollen Beitrag zu leisten, und Wertschätzung erfahren. Wenn wir erleben, dass wir mit den anderen zusammen Hindernisse aus dem Weg räumen können, trägt dieses gemeinsame Meistern von Schwierigkeiten dazu bei, die Verbundenheit und das Erleben von Sinn zu stärken.

Finden Sie heraus, was Ihnen wichtig ist zu verändern, zu för-dern und zu unterstützen. Probieren Sie aus, wo Sie sich am bes-ten aufgehoben fühlen bzw. wo Sie Ihre Zeit, Ihr Geld und Ihre Energie am wirkungsvollsten einsetzen können.

WIE SIE DAUERHAFTE VERÄNDERUNGEN ERZEUGEN

Letztlich geht es bei einem ausgewogenen Leben um eine stimmige Balance zwischen zwei Polen:

- der Wertschätzung dessen, was wir sind, haben und tun, und
- den Bestrebungen, diejenigen Dinge zu verändern, die wir gerne anders hätten.

Es ist immer beides nötig. Wenn wir nur die Wertschätzung dessen pflegen, was wir gut finden, fehlt es uns an Energie, etwas verändern zu wollen. Damit berauben wir uns der Entfaltung wichtiger Fähigkeiten zur persönlichen Weiterentwicklung: Neugier, Entdeckungslust, Durchsetzungsvermögen, Resilienz.

Wenn wir nur auf Veränderung setzen, kultivieren wir einen Zustand der permanenten Unzufriedenheit mit uns selbst und berauben uns der Möglichkeit, im Einklang mit uns selbst zu sein und das Hier und Jetzt zu schätzen. Wir fühlen uns dann wie eine lebende Baustelle.

Wer versucht, das eigene Potenzial zu entfalten, verfolgt damit ein über ihn selbst hinausweisendes Ziel, bei dem es nicht nur darum geht, mehr positive Gefühle zu erleben, sondern auch darum, das eigene Leben sinnvoll und erfüllt zu gestalten.

Der erste Schritt dazu ist es, sich eine Zukunft vorzustellen, in der das, was Sie sich wünschen, schon Realität geworden ist. Dies sollte so konkret und anschaulich wie möglich vor Ihrem inneren Auge auftauchen. Sehen Sie vor Ihrem inneren Auge, wie Sie genau das tun, was Sie tun wollen, beispielsweise wie Sie fröhlich von einem neuen Job nach Hause kommen oder wie Sie mit Ihren Freunden zusammen etwas Bestimmtes unternehmen.

Was immer die Elemente sind, die für Sie zum gelungenen Leben gehören – stellen Sie sich genau diese in Ihrem persönlichen Zukunftsfilm vor.

Impuls 42:
Reise in die Zukunft

Nehmen Sie sich eine halbe Stunde Zeit und sorgen Sie dafür, ungestört zu sein. Setzen oder legen Sie sich hin, recken und rekeln Sie sich, bis Sie eine bequeme Sitz- oder Liegeposition einnehmen. Schließen Sie die Augen und konzentrieren Sie sich auf Ihre Atemzüge. Lassen Sie den Atem ruhig und mühelos ein- und ausströmen und spüren Sie in Ihren Körper hinein.

Lenken Sie die Aufmerksamkeit dann nacheinander auf Ihre Füße, Ihre Unter- und Oberschenkel, den Po, den Bauch- und Brustbereich, dann auf Schultern, Arme und Hände und schließlich auf Nacken, Hinterkopf und Gesicht. Spüren Sie, wie sich die Bauchdecke mit jedem Atemzug hebt und wie sie sich mit jedem Ausatmen wieder senkt. Nehmen Sie auch wahr, wie Sie sich mit jedem Ausatmen tiefer entspannen und wie Sie immer mehr loslassen können.

Stellen Sie sich vor, wie Sie sich auf einem Zeitstrahl immer weiter in die Zukunft bewegen, Tag für Tag, Wochen, Monate, Jahre – bis Sie im Jahr 2020 angekommen sind. Nehmen Sie sich die Zeit, sich gut in die Zukunftsvision hineinzufinden. Manchmal ist es dann so, als würde sich Nebel langsam lichten und dahinter alles klar und deutlich auftauchen, manchmal ist es so, dass relativ rasch eine Szenerie vor Ihrem inneren Auge erscheint.

Stellen Sie sich vor, dass Sie das allermeiste von dem verwirklichen konnten, was Ihnen heute am Herzen liegt. Die Situation, in der Sie sich nun befinden, wird deutlicher und deutlicher. Gehen Sie ganz in diese Situation hinein und spüren Sie, wie Sie sich fühlen. Dann schauen Sie sich um:

- *Wo sind Sie?*
- *Wie sieht Ihre Umgebung aus? Wie würden Sie sie jemand anders beschreiben?*
- *Womit beschäftigen Sie sich?*
- *Mit wem sind Sie zusammen, wer ist an Ihrer Seite? Was hören Sie? Sagt jemand etwas zu Ihnen? Wenn ja – was?*
- *Was fällt Ihnen ganz besonders auf?*
- *Welche Sinneseindrücke sind besonders deutlich? Welche Laute dringen an Ihr Ohr? Welche Formen und Farben tauchen vor Ihnen auf? Gibt es besondere Gerüche oder Düfte, einen besonderen Geschmack?*

Stellen Sie sich alles so detailliert wie möglich vor, genießen Sie die Eindrücke in dieser Umgebung, wo sich alles zu Ihrem Besten entwickelt hat. Nehmen Sie auch das körperliche Empfinden wahr, das Sie in dieser Situation verspüren.

Bleiben Sie noch ein wenig bei Ihren angenehmen Gefühlen und inneren Bildern, bevor Sie sich mental wieder in den gewohnten Raum zurückbegeben. Nehmen Sie noch ein paar tiefe Atemzüge, rekeln und strecken Sie sich. Öffnen Sie dann die Augen und bleiben Sie noch ein paar Minuten sitzen oder liegen, um das Erlebnis noch etwas nachklingen zu lassen.

Notieren Sie im Anschluss die Details Ihrer Vision. Was war besonders eindringlich und einprägsam? Tauchte etwas auf, womit Sie nicht gerechnet hatten – ein visueller oder akustischer Eindruck, eine Idee, ein Gefühl? Halten Sie alles fest, was Ihnen interessant und wesentlich erscheint. Natürlich können Sie Ihre Eindrücke auch malen, zeichnen oder in Form einer Collage darstellen.

Eine Vorstellung oder ein inneres Bild davon zu haben, wie die Zukunft aussehen könnte, gibt unserem Denken und Handeln eine Richtung. Wenn wir wissen, wo wir hinwollen, was die Dinge, Menschen, Umstände sein könnten, die uns etwas bedeuten, dann werden wir ganz unwillkürlich andere Entscheidungen treffen als ohne diese Vision. Am Anfang steht also eine Vorstellung. Doch inwieweit sind wir in der Lage, dieses Wunschbild Wirklichkeit werden zu lassen? Oft fühlen wir uns durch die Art, wie wir unser Leben eingerichtet haben, festgelegt und zweifeln daran, ob größere Veränderungen in die gewünschte Richtung überhaupt (noch) möglich sind.

Wie effektiv und nachhaltig können wir uns verändern?

Jenseits aller genetischen Vorprägungen, Denk-, Fühl- und Verhaltensmuster, die sich durch Erziehung und Sozialisation festigten, haben wir einen großen Gestaltungsspielraum in der Entfaltung unserer Persönlichkeit. Wir sind keineswegs starren Gewohnheiten des Denkens und Fühlens ausgeliefert, auch wenn wir diese jahrzehntelang gepflegt haben. Wir können diese durch stetige Übung und Aufmerksamkeit verändern. Wir können uns jeden Tag entscheiden, wie wir denken, fühlen und handeln wollen, welchen Einflüssen wir uns aussetzen wollen und welchen nicht, wozu wir Ja und wozu wir Nein sagen. Dieser Faktor entscheidet zu etwa 40 Prozent mit darüber, wie erfüllend wir unser Leben gestalten.

Entscheidungen haben mit Werten und Zielen zu tun. Indem Sie die Übungen in diesem Buch praktisch durchgeführt haben, haben Sie mehr und genauer erfahren, was Sie innerlich antreibt, was Ihre Talente und Charakterstärken sind, was Ihnen liegt und wie sinnstiftend der Aufenthalt in der Natur und die Unterstützung anderer Menschen für Sie selbst sein können.

Sie haben in der praktischen Umsetzung der Impulse auch konkret erfahren, wie weit und flexibel Sie Ihre Denk-, Fühl- und Handlungsspielräume gestalten können.

Falls Sie bisher eher unter Ihren Möglichkeiten geblieben sind und sich nun auf den Weg zu mehr Lebenszufriedenheit machen, führen Sie nur eine klare Zielbestimmung und stetes Dranbleiben dazu, angestrebte Veränderungen auf Dauer zu realisieren. Dann aber sind die Aussichten gut, dass Sie in jedem Lebensjahrzehnt tief greifende Änderungen anstoßen und umsetzen können. Darauf verweisen neuere Erkenntnisse aus der Hirnforschung. Indem wir gedankliche Gewohnheiten verändern, vernetzt sich das Gehirn auf grundlegende Weise neu. Diese neue Vernetzung unterstützt und stärkt den neuen neuronalen Weg, den wir mittels unseres veränderten Denkens auch für den Fluss unserer Gefühle bahnen. Doch bevor dies eintreten kann, muss uns klar sein, was genau wir verändern wollen. Alte Denk- und Verhaltensweisen loslassen oder uns neue angewöhnen können wir nur, wenn die folgenden beiden Voraussetzungen gegeben sind:

- Wir müssen es wirklich wollen. Nur dann haben wir Motivation und Energie dafür, es auch umzusetzen.
- Der Nutzen, den es uns (vermutlich) bringt, etwas zu verändern, muss größer sein als der Aufwand für diese Veränderung.

Impuls 43:
Visionen in Ziele verwandeln

Betrachten Sie Ihre bisherigen Aufzeichnungen zu den Impulsen, insbesondere die Notizen aus dem Impuls 28 (Verborgene Wünsche) und dem Impuls 42 (Reise in die Zukunft). Sie finden darin Ansatzpunkte für Veränderungsvorhaben – hin zu mehr Lebenszufriedenheit, kreativer Selbstentfaltung und Sinnfindung.

Sei es, dass Sie eine bestimmte Charakterstärke ausbauen wollen, sei es, dass Sie verstärkt Achtsamkeit in Ihr Leben bringen möchten, sei es, dass Sie mehr Zeit in der Natur verbringen wollen oder sich in einer bestimmten Bürgerinitiative engagieren wollen oder ... oder ...

- *Markieren Sie alle Punkte in Ihren Aufzeichnungen, die Sie ganz spontan stark ansprechen, also die Dinge, von denen Sie gerne mehr in Ihrem Leben hätten. Führen Sie sich dazu auch noch einmal die Inhalte Ihrer Zukunftsreise vor Augen.*
- *Wenn Sie von der Warte Ihrer Zukunftsvision aus auf das Jetzt schauen: Welche Zwischenetappen waren erforderlich, um dorthin zu kommen? Was war zu tun? Was war zu lassen?*
- *Notieren Sie alles, was Ihnen, rückblickend aus dem Jahr 2020 zum heutigen Tag, hilfreich erscheint, von der Jetzt-Situation zur Situation im Jahr 2020 zu kommen.*
- *Erstellen Sie dann daraus eine Liste mit großen und kleinen konkreten Zielen und wählen Sie drei oder vier daraus aus, nicht mehr. Es sollten Ziele sein, die Sie selbst erreichen können, nicht solche, die Entscheidungen anderer zur Vorbedingung für die Umsetzung haben. Formulieren Sie positiv! Schreiben Sie, was Sie erreichen wollen, nicht, was Sie nicht erreichen bzw. was Sie vermeiden wollen.*
- *Je konkreter Sie Ihr jeweiliges Ziel formulieren können und je konkreter Sie auch vor Augen haben, wie es sein wird, wenn Sie das Ziel erreicht haben (siehe auch Impuls 42: Reise in die Zukunft), desto besser. Bei der Formulierung eines Ziels sollte auch immer bedacht werden, warum Sie dieses Ziel haben.*
- *Wenn Sie sich Ihre Ziele klarmachen und sich vorstellen, wie Ihr »Zielzustand« jeweils aussieht, regen Sie damit die Entwicklung zielführender Denkstrategien und Handlungsweisen an.*

Ihre Ziele präzise und einprägsam schriftlich zu formulieren hat viele Vorteile. Zum einen stärkt es die innere Klarheit. Es wird deutlicher, was genau Sie anstreben und was nicht gemeint ist. Zum anderen hat ein schriftlich formuliertes Ziel eine größere Verbindlichkeit. Da steht es – schwarz auf weiß –, es ist realer als ein Gedanke und kann nicht so leicht aus den Augen verloren werden. Außerdem ermöglicht die Schriftlichkeit auch eine bessere Kontrolle. Wenn unsere Ziele mehr sein sollen als nur gute Vorsätze, ist es nämlich erforderlich, mit ihnen in Tuchfühlung zu bleiben. Nur so wissen wir stets, ob wir uns in die richtige Richtung bewegen.

Impuls 44:
Ziel-Tagebuch

Überlegen Sie, was Ihnen helfen kann, Ihre Ziele zu erreichen, und welche Schritte im Einzelnen dazu erforderlich sind. Bis wann wollen Sie das jeweilige Ziel erreicht haben? Und wann tun Sie was, um es zu verwirklichen?

Legen Sie ein Zieltagebuch an, in dem Sie Ihre drei oder vier Ziele und die einzelnen Schritte dazu formulieren.

Dann reservieren Sie sich über einen längeren Zeitraum hinweg täglich fünf Minuten, um über den Stand der Dinge zu schreiben. Wo stehen Sie? Was haben Sie in Bezug auf welches der vorrangigen Ziele tun können? Was war nicht möglich? Sind neue Aspekte aufgetaucht, die neue Strategien erfordern? Gibt es Herausforderungen, die Sie bisher nicht bedachten? Welche Hindernisse sind gegebenenfalls aufgetaucht und welche Ideen haben Sie, diese zu überwinden? Welche konkreten Problemlösungsstrategien fallen Ihnen ein? Wessen Wissen könnten Sie dazu vielleicht nutzen? Notieren Sie sich alle Dinge, die unterstützend wirken könnten – auch wenn es vielleicht nur Kleinigkeiten sind.

Indem Sie lösungsorientiert an die Umsetzung Ihrer Ziele herangehen, wird eine positive Feedbackschleife angeregt. Diese positive Feedbackschleife besteht aus den Komponenten

- *Handeln,*
- *Erfolg,*
- *Zielüberzeugungen und*
- *Optimismus.*

Je mehr Sie ins Handeln kommen, desto wahrscheinlicher stellt sich Erfolg ein, weil Sie dadurch Ihre Gewissheit stärken, Ihre Ziele erreichen zu können. Das wiederum fördert Ihren Optimismus, der Sie wiederum zum Handeln animiert. Begleiten Sie alle Zielumsetzungsprozesse schriftlich in Ihrem Umsetzungstagebuch.

Wenn Sie ein Ziel erreicht haben, gehen Sie nicht gleich dazu über, sich das nächste von Ihrer Liste vorzunehmen. Gönnen Sie sich eine Pause und freuen Sie sich darüber, dass Sie am Ball geblieben sind und dadurch Ihr Ziel erreicht haben.

Denken Sie vor allem stets daran: Es sind *Ihre* Ziele, Ihre ganz persönlichen Ziele. Wenn Ihnen ein Ziel, warum auch immer, nicht mehr attraktiv erscheint, fühlen Sie sich nicht verpflichtet, es erreichen zu müssen. Es erschien Ihnen einfach nur zu einer anderen Zeit wichtig.

Wir entwickeln uns stetig weiter. Das bedeutet auch, dass immer wieder neue Dinge für uns interessant werden und Altes an Bedeutung verliert. Machen Sie in diesem Fall lieber eine weitere »Zukunftsreise« und seien Sie gespannt, was für neue Wünsche

und Bedürfnisse am inneren Horizont auftauchen. Zu einem er-
füllten Leben gehört immer auch, in Bewegung zu bleiben und
offen für Veränderungen zu sein.

VERZEICHNIS DER IMPULSE

Das Geheimnis der positiven Gefühle

Impuls 1: Positive und negative Gefühle............... 20
Impuls 2: Wie ich lernte, mit meinen Gefühlen
           umzugehen................................ 22
Impuls 3: Gefühle ausloten 24
Impuls 4: Reflexion zu Freiheit und Selbstbestimmung ... 27
Impuls 5: Die Gute-Laune-Brille aufsetzen.............. 32
Impuls 6: Heute mal bewusst dankbar sein.............. 35
Impuls 7: Persönlichen Überzeugungen auf die Spur
           kommen 37
Impuls 8: Persönliche Anfälligkeit für Denkfallen
           einschätzen 48
Impuls 9: Welche Überzeugungen möchten Sie verändern? 54
Impuls 10: Enttäuschungen reflektieren 60
Impuls 11: Stufen des Vergebens und Loslassens 64
Impuls 12: Emotionen hinterfragen 69
Impuls 13: Fragen, die wir uns häufiger stellen sollten 72
Impuls 14: Der Schatz meiner positiven Gefühle 79
Impuls 15: Ideen für selbst initiierte Lichtblicke 82
Impuls 16: Säen, um zu ernten 85
Impuls 17: Freu-Tagebuch 87

Erleben von Flow, aktives Engagement

Impuls 18: Die Leitsterne in Ihrem Leben 91

Impuls 19: Die eigenen Talente entdecken 95

Impuls 20: Talente und Signatur-Stärken 104

Impuls 21: Weg von – hin zu 109

Impuls 22: Intrinsisch oder extrinsisch motiviert? 112

Impuls 23: Wann erleben Sie Flow? 116

Impuls 24: Fördert Ihre Arbeit ein positives
            Lebensgefühl? 122

Impuls 25: Neue Wege 124

Impuls 26: Achtsamkeit im Tun 129

Impuls 27: Phasen der Achtsamkeit häufiger erleben 133

Bedeutung und Sinn

Impuls 28: Verborgene Wünsche 139

Impuls 29: Sinn-Bedürfnisse 142

Impuls 30: Sinn-Dimensionen und persönliches
            Empfinden 148

Impuls 31: Wertvolles weitergeben 163

Impuls 32: Als Kind in der Natur 167

Impuls 33: Spür-Spaziergang 169

Geborgen im Wir

Impuls 34: Wie sehen Sie sich selbst in Ihren
            Beziehungen? 176

Impuls 35: Wer Ihnen guttut 178

Impuls 36: Der Dankesbrief 181

Impuls 37: Eigene Erwartungen prüfen 182

Impuls 38: Geben und nehmen 186
Impuls 39: Die Loving-Kindness-Meditation 191
Impuls 40: Kleine Glücksimpulse 195
Impuls 41: Wofür setzen Sie sich ein? 200

Wie Sie dauerhafte Veränderungen erzeugen

Impuls 42: Reise in die Zukunft 206
Impuls 43: Visionen in Ziele verwandeln 210
Impuls 44: Ziel-Tagebuch 212

SIGRID ENGELBRECHT

ENTFALTEN SIE,
WAS IN IHNEN STECKT!

**Dabei unterstützt Sie mit vielen Ideen
und Impulsen Sigrid Engelbrecht,
Autorin, Trainerin und Coach.**

Laden Sie Sigrid Engelbrecht ein,
um einen inspirierenden und mitreißenden
Vortrag zu erleben!

Kontakt:

Sigrid Engelbrecht
Greulichstraße 5
12277 Berlin

030 75 44 93 07
www.sigrid-engelbrecht.de

WEITERFÜHRENDE UND
VERTIEFENDE LITERATUR

Berking, Matthias: »Training emotionaler Kompetenzen«,
2. Auflage, Springer, 2010

Csíkszentmihályi Mihály: »Flow. Das Geheimnis des Glücks«,
16. Auflage, Klett-Cotta, 2013

Engelbrecht, Sigrid: »Lass los, was deinem Glück im Wege
steht«, 8. Auflage, Gräfe und Unzer, 2013

Engelbrecht, Sigrid: »Lass los, was dir Sorgen macht«, 2. Auflage,
Gräfe und Unzer, 2013

Engelbrecht, Sigrid: »Mein Buch der Stärken«, Gräfe und Unzer,
2013

Engelbrecht, Sigrid: »64 Seiten für Gelassenheit«, Kreuz Verlag,
2012

Engelbrecht, Sigrid: »Ich nehm' mir heute Zeit für mich«, Kreuz
Verlag, 2014

Erikson, Erik Homburger: »Identität und Lebenszyklus. Drei Aufsätze«, Suhrkamp, 1994

Frank, Renate: »Wohlbefinden fördern – Positive Therapie in der Praxis«, Klett-Cotta, 2010

Frankl, Viktor: »Der Mensch vor der Frage nach dem Sinn: Eine Auswahl aus dem Gesamtwerk«, Piper, 1985

Fredrickson, Barbara L.: »Die Macht der guten Gefühle: Wie eine positive Haltung Ihr Leben dauerhaft verändert«, Campus, 2011

Hüther, Gerald: »Bedienungsanleitung für ein menschliches Gehirn«, 10. Auflage, Vandenhoeck & Ruprecht, 2010

Hüther, Gerald: »Die Macht der inneren Bilder«, 8. Auflage, Vandenhoeck & Ruprecht, 2014

Kotre, John: »Lebenslauf und Lebenskunst«, Carl Hanser, 2001

Lyobomirsky, Sonja: »Glücklich sein. Warum Sie es in der Hand haben, zufrieden zu leben«, Campus, 2008

Seligman, Martin: »Der Glücks-Faktor: Warum Optimisten länger leben«, Bastei Lübbe, 2005

Seligman, Martin: »Flourish – Wie Menschen aufblühen: Die Positive Psychologie des gelingenden Lebens«, Kösel, 2012

Vaillant, George: »Werdegänge. Erkenntnisse aus der Lebenslauf-Forschung«, Rowohlt, 1983